男×男自由行

HUGO、八卦貓、阿J、陳仲耘 著

曼谷

+芭達雅
小旅行

激辛增修版

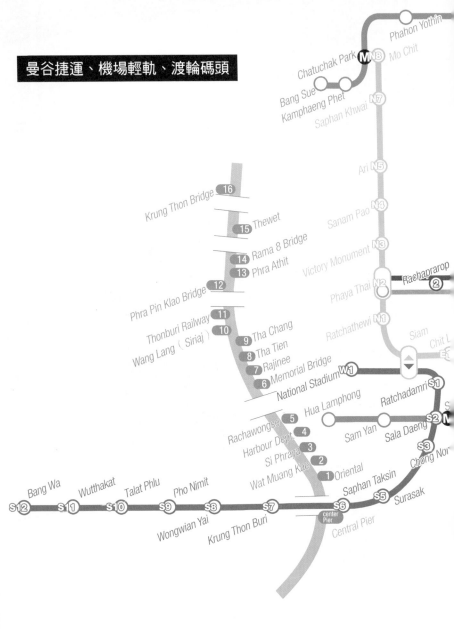

曼谷捷運、機場輕軌、渡輪碼頭

曼谷捷運、機場輕軌、渡輪碼頭

BTS 空鐵

MRT 地鐵

機場輕軌
(The Suvarnabhumi Airport Link, SARL)
CityLine
Express

國際機場

曼谷捷運、機場輕軌、渡輪碼頭

目錄

chapter

1

Silom

20

目錄

目錄

目錄

本書特色與使用說明

精選65家 1/3全新店家

　　這次激辛增修版介紹65家曼谷精彩店家，刪除舊版已停業12家，全新增列23家。包括：同志舞廳、酒吧、男男按摩、男男三溫暖、go-go boy秀場，以及同志區附近的餐廳、同志熱愛下榻的旅館精選。在曼谷眾多的同志店家，作者群以人氣、口碑、歷史、特色風情、在地文化、豪邁盡興、族群偏好、交通便利等指標，為讀者細選不可錯過的店家。

　　激辛增修版以原作者Hugo和八卦貓撰寫內容為基礎，加上這次2位作者อั้ง、陳仲耘，進行全面更新，以及新增1／3店家的介紹。激辛增修版可謂各有所長的作者群功力之大融合，讓本書更精彩！

老鳥帶路 深入體驗泰國同志

　　多篇「老鳥帶路」穿插於各章，將泰國民情風俗、曼谷遊撇步、泰國同志文化、與泰國男孩相處等，以作者多年體驗心得，融入其中，既是同志旅遊的精華導覽，也是讀者融入泰國民情的重要提醒。

　　原作者HUGO深耕泰國多年，執筆嚴謹、文字通暢，當初為撰寫本書，專程前往曼谷三次。二版作者八卦貓15年進出泰國20多次，對泰國歷史與同志文化頗為熟悉，擅長的地圖製作為本書的導覽更添實用性。激辛增修版作者อั้ง、陳仲耘，具備長住曼谷經驗，深入同志文化，對在地同志場所資訊有第一手的掌握。

特別企劃：芭達雅小旅行

　　新增「特別企劃：芭達雅小旅行」，精選芭達雅各具特色的11個店家。提供讀者在曼谷旅遊之餘，一探海灘風情洋溢、車程兩小時的芭達雅。不同於曼谷高物價和高度商業色彩，海濱勝地芭達雅的同志店家，男孩們散發濃厚的原始氣息，是全然不同的體驗。特別企劃中也提供芭達雅基本交通資訊。

本書特色與使用說明

附錄完整資訊 實用地圖導覽

　　本書附錄：「曼谷旅遊資訊」、「泰國美食大觀」、「男同志泰國旅遊必買好物」、「釣人專用：泰語會話教室」等4個單元，收集旅遊曼谷的各種實用資訊，為讀者掌握最新情報，是自由行不可不知的基本知識。

　　精心製作的分區地圖及店家小地圖，清楚標示店家位置及參考地標，配合交通指引，輕易找到目的地。曼谷捷運及機場輕軌圖，快速掌握交通關鍵。

　　第一次前往曼谷的讀者，建議搭配一本曼谷旅行工具書，使您的旅行更加完整豐富！書中資訊，以最後採訪時間（2014年1月）為準，儘管作者已盡力確認與修訂，然因部分同志店家變化速度快，仍提醒讀者，使用時多利用電話確認。若有資訊變動，請與基本書坊聯繫，我們將在下一版進行訂正。

　　若您是曼谷通，有任何新點、妙點、非去不可的絕讚點，歡迎來信提供（gbookstaiwan@gmail.com）。基本書坊長期徵求各地旅遊記者、攝影以及新情報，歡迎各位熱愛旅遊的兄弟們踴躍來信！

地圖範例

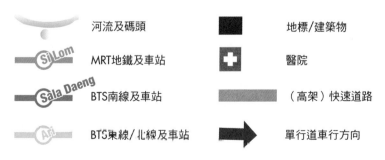

河流及碼頭		地標/建築物	
MRT地鐵及車站 (Si Lom)		醫院	
BTS南線及車站 (Sala Daeng)		（高架）快速道路	
BTS東線/北線及車站 (Ari)		單行道車行方向	
公園 (Lumpini Park)			

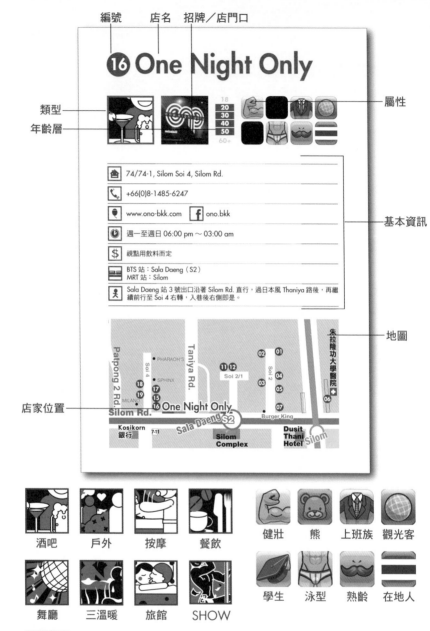

編號　　店名　招牌／店門口

⑯ One Night Only

類型
年齡層 ← 18 20 30 40 50 60+ → 屬性

🏠 74/74-1, Silom Soi 4, Silom Rd.

📞 +66(0)8-1485-6247

📍 www.ono-bkk.com　f ono.bkk

🕐 週一至週日 06:00 pm ～ 03:00 am

💲 視點用飲料而定

🚉 BTS 站：Sala Daeng（S2）
　 MRT 站：Silom

🚶 Sala Daeng 站 3 號出口沿著 Silom Rd. 直行，過日本風 Thaniya 路後，再繼續前行至 Soi 4 右轉，入巷後右側即是。

→ 基本資訊

→ 地圖

店家位置 → One Night Only

Patpong 2 Rd.
Taniya Rd.
朱拉隆功大學醫院
Soi 4
PHARAOH'S
SPHINX
MILANO
⑱ ⑲ ⑰ ⑮ ⑯
Silom Rd.
⑪ ⑫
Soi 2/1
⑫ ⑪
Soi 2
⑭ ⑬ ⑮ ⑯ ⑰
One Night Only
Sala Daeng S2
Burger King
Kosikorn 銀行　7-11
Silom Complex
Dusit Thani Hotel　Silom

酒吧　戶外　按摩　餐飲

健壯　熊　上班族　觀光客

舞廳　三溫暖　旅館　SHOW

學生　泳型　熟齡　在地人

海灘

本書特色與使用說明

導言：
曼谷同志地圖
分區全覽

　　曼谷是亞洲男同志聖地，每到假期，來自亞洲的台灣、中國、香港、新加坡、日本、馬來西亞、印尼等國家／地區，甚至歐美的同志，都匯聚曼谷。優越的地理位置，密集的航空運輸，國際化的商業活動，以及蓬勃多樣的男同志娛樂產業，和相對平價的消費，讓這個男同志旅遊聖地更加興盛發展。

　　本書介紹的男同志消費空間，以旅行者最容易使用的空鐵捷運（BTS）和地鐵捷運（MRT）為依據，概略分為10個區域，分別以10個章節介紹。分區方式，主要以捷運站地理位置為考量；這次增修版也隨著增刪的店家，有部分變動。各區分別簡單介紹如下：

第1章、Silom（見本書第20頁）

　　同時也是金融重鎮的Silom，集情色行業之大成，著名的Patpong觀光夜市也位在這個地段。從這區域可延伸至其他鄰近同志區，如Surawong、Sathorn等，可見其重要性。

　　Silom的範圍大致從地鐵（MRT）的Silom站、空鐵（BTS）的Sala Daeng站往南延伸到BTS的Chong Nonsi站。沿著Silom Rd.及其延伸巷子，白天可見massage招牌林立，入夜後整條街道則被夜市攤位佔據。子夜之後，衣著光鮮的各國男同志們陸續齊聚在此，伴著震耳欲聾的超重低音舞曲，世

界知名的D.J. Station不僅是此區夜生活的重心，也是全世界男同志必來朝聖之地。

　　本區還有許多美食空間，不論是標榜同志餐廳的老店Telephone，或是沒有特別標榜同志專屬空間的餐飲店家，都可見同志雲集。

第2章、Surawong（見本書第94頁）

　　Surawong Rd.與Silom Rd.平行，以Thaniya Rd.和Patpong觀光夜市貫穿這兩個同志區。Surawong的精彩，在於多間「男孩秀」，除了觀看每晚兩次的表演，男孩配戴著號碼，有興趣的觀眾可以帶出場。這些看秀場所，讓演出的可口男孩，不只看得到，還吃得到。

第3章、同志區外（見本書第106頁）

　　本次收錄的同志空間，有3家所在位置不是緊鄰捷運站的同志區，而另外獨立分區。儘管不是緊鄰捷運站，必須轉計程車，或從捷運站再步行1、20分鐘路程，但各有其特色值得為讀者介紹。

第4章、Sathorn（見本書第118頁）

　　Sathorn區位於Silom區的東南邊，大致為MRT的Lumpini站到BTS的Chong Nonsi站中間。此區域為使館區，有各式各樣的別墅隱身其中。近年來興建了許多高價位住宅及辦公大樓，此處的男同志場所，容易遇到上班族及許多事業有成的男同志。知名的Babylon三溫暖，為此地區的招牌，隱身Sathorn巷內的實惠旅店，是許多男同志喜愛的落腳之處。

第5章、Nana／Asok（見本書第143頁）

位於BTS Sukhumvit線Nana站到Asok站這一塊區域，是觀光客雲集的區域，男男按摩店數目比起Silom區不遑多讓。歷久不衰的男男按摩店，像是Hero，是眾多按摩男孩中的人氣店家。隱身巷弄豪宅的空間，特別強調私密性，而體格健壯且諳英語的按摩師，更是此區的最大特色。這一區經常有新興的男男按摩店出現，Urban Male Massage尤為其中最具特色的新秀。

第6章、Siam鄰近（見本書第158頁）

兩條BTS線交會的Siam站，既是捷運交通的重要樞紐，大型豪華的購物商場以Siam為中心往外延伸。從Siam Discovery到號稱東南亞最大商場的Paragon，還有老店改裝的Central World，相連的大型購物中心匯集各國觀光客。因電影《愛在暹邏》而聲名大噪的「暹邏廣場」（Siam Square）即在Siam站南側，個性商店雲集，是年輕人聚集的商圈。

而往東的Chit Lom和Philoen Chit站，延續市中心購物天堂的精華地段，這區雖沒有標榜男同志專屬的場所，本書精選3家各有特色的甜點店，讓讀者在血拼之餘，可以歇腳品嚐美食。

第7章、Ari（見本書第170頁）

BTS的Ari站擁有許多外商公司本部，並於近幾年形成一高級住宅區。知名的Chakran三溫暖，因大多數客人均為亞洲人，名聲直逼龍頭Babylon。老牌的GG三溫暖，雖非緊鄰

導言：曼谷同志地圖分區全覽

捷運站，轉搭計程車即可前往體驗老店風華。

第8章、OrTorKor鄰近（見本書第182頁）

本區介紹3家BTS北段的pub和三溫暖，鄰近知名Chatuchak市集的OrTorKor雖不若往昔盛況，Fake Club的仍是吸引local同志週末聚集的夜店。南側Saphan Kwai站旁的39 Underground Sauna則是體驗泰國男孩勇猛的人氣三溫暖。北側的Hijack Sauna，是從Phahon Yothin站搭計程車5分鐘可達的年輕男同志聚集三溫暖。

第9章、Huai Khwang（見本書第192頁）

Huai Khwang區的2家夜店在MRT Huai Khwang站周邊，是在地年輕男同志熱愛的跳舞聖地，延續過去在舊址的超旺人氣，遷移至新址重新開幕後仍深受歡迎。Soi 8 Red Beat在2013年秋天盛大開幕後，砸重金的音響設備和現場樂團讓夜店享受提升。G Star新址的空間堪稱曼谷同志夜店之最，是體驗泰國local bar及韓流曲風勁歌不能錯過的名店。

第10章、RamkhamHaeng（見本書第200頁）

RamkhamHaeng位於曼谷東北部，沒有空鐵或地鐵經過，前往本區夜店或三溫暖，可從MRT車站轉乘計程車約100～150Baht可達。本區出入聚集的是當地同志及RamkhamHaeng大學的學生，發展出特別的local生態。例如扮裝秀、歌舞秀、內褲秀的夜店，或是淫亂指數超高的全裸三溫暖等，赤裸裸展露泰國人草根且野性蓬勃的一面。

本書所介紹的，僅僅為在曼谷較容易入手的男同志地點，還有更多隱身在各地區、巷弄之間的各式男同志場所，供你我探險。例如Surasak地區，離Silom與Sathorn有一段距離。此外在Ladprao和Pingklao地區，也有許多pub、sauna與massage等待發掘（如Ladphrao 113的Muffill Sauna也小有名氣）。此外，每年潑水節（Songkran）由Gcircuit舉辦的SK派對，連續數天的派對，吸引許多亞洲各地男同志朝聖，讀者可以在Gcircuit的官方網站（www.gcircuit.com）或者其他國際性交友網站（如fridae.com）等找到相關活動訊息及派對購票資訊。

完全剖析！
泰國男人的魅力

作者：HUGO

造訪過曼谷的朋友，必定會發現，各式各樣的容貌，在此均可以找到愛慕的眼光。最主要的原因在於泰國的疆域廣大，具有各色人種。這個族群多元的特性，使得泰國人也培養出多元的審美觀點。以下讓我們用不同的分類來看不同地方遇到的泰國男孩，一一剖析泰國男人的魅力！

一、依出生地　看一般泰國男孩

A.中南部：

曼谷以南的泰國人，佔泰國的大多數。這一類男孩膚色較黑，眼睛圓亮有神，顴骨高，臉頰突出。鼻準較大，臉形接近橢圓。在更南部的回教地區，則更接近於馬來人。通常也伴隨著濃密的毛髮。

B.北部：

以清邁為首的北部男孩，具有較接近的長相。北部男孩皮膚較白，眼睛較為細長，鼻子尖挺，鼻準較尖，較接近日本偶像的三角形臉。尤其來自清邁的男孩，因為清邁在商業與文化上的優

勢，因此也通常具有一種友善的傲氣。

C.東北部：

東北部的泰國原為寮族居住之地，在泰語中稱為「伊桑」（Esan）。此地區因為地質貧瘠，且風俗習性不同，因此居民受教育的程度不高，多半外出到大城市中擔任計程車司機或者各種服務業之工作。在特種行業的男孩中，約莫有一半是東北部男孩。他們普遍長相陽剛，具有稜角的輪廓，眉毛濃，厚唇大鼻，具有英氣的眼睛。在一些具有階級意識的泰國人眼中，來自這一地區的男孩被認為是次等的國民。

D.華人：

如同其他的東南亞地區一樣，有許多華人已在泰國落地生根。但與其他國家不同的是，其他國家的華人常以「華人」的血統為榮，然而泰國的華人卻以身為「泰國人」為榮，其實泰國的皇室也具有華人的血統，由此也可見華人在泰國政經傳統的地位。華人分為純華人及已經混血的華人。基本上大多數的華人因為經商的家族傳統，經濟情形也比大多數的泰國人好，普遍能夠受到較好的教育。因此大多數的泰國華人，也較為時尚，少與local的男孩為伍。

二、依主動性　看夜店的男孩

第一次造訪曼谷的男同志，想必會對泰國男孩的主動熱情印象深刻。泰國男孩篤信佛教，相信命運的安排，同時也具有天生的熱情基因，因此讓他們格外地會把握所有的機會。因為哈韓潮和中國熱的興起，擁有華人臉孔的你我，很難不受歡迎。在夜店，你可能會遇上幾種男孩：

A.完全主動的money boy：

money boy在D.J. Station尤其之多，他們的外表通常符合了白種年長人士的喜愛，較為瘦小，且濃妝豔抹。這一類的男孩多半不會找華人旅客下手。

B.主動的泰國男孩：

這一類泰國男孩通常具有不錯的語言能力，大多數在娛樂或時尚相關產業工作。他們對泰國人興趣缺缺，反而相當熱衷於結交亞洲各地的朋友甚至建立感情關係，並以此為榮。他們通常也具有相當好的經濟基礎，因此也不可能開口向外國人需索東西。

C.半主動的泰國男孩：

這一類泰國男孩多半以學生為主，語言能力較差。因此只會含情脈脈地看著你，在你經過時偷偷捏你一把。他們通常會派遣一位英語能力較佳的代表前來搭訕，然後把你拉進團體當中一起飲酒作樂。也有許多的時候，會上演姊妹起鬨爭奪獵物的戲碼，朋友故意調戲對方喜歡的對象，製造許多笑點。不過遇到這種情形時，千萬別以為可以上遍一群朋友。因為泰國人相當重視朋友之間的道義關係，到了彼此以兄弟姊妹相稱的地步。因此，在友情與邂逅的權衡之下，通常他們是會選擇友情的。

D.不主動的泰國男孩：

雖然不是多數，但是泰國男孩中也有害羞的。最主要的理由，應該是自知語言能力不足的關係。此時，不妨朝他們釋放微笑點頭，他們基於禮貌，都會給予回應。有了好的開始，不主動的泰國男孩也會很快卸下心防。

三、依互動性　看按摩店男孩

按摩時的隱密空間，和親密的身體接觸，讓按摩店男孩成為許多遊客回憶的重心。泰國的按摩店服務大致分為腿部按摩、泰式按摩、油壓按摩、乳霜按摩等。腿部按摩通常在公開的場所，且不能挑選按摩師。泰式按摩則為泰國人相當自豪的傳統，引用了穴道的概念，並且利用各種不同的手勢，以及按摩師與被按摩者兩者的肢體互動，來達到舒緩筋骨的效果。在泰式按摩開始時

完全剖析！泰國男人的魅力

，按摩師必須祈禱，而按摩過程中，被按摩者也應當穿著衣褲。因為泰式按摩不需要精油等高價原料，因此索價較低，一個小時不會超過400Baht。

油壓按摩、乳霜按摩時，則需要褪盡衣褲。一般來說這類按摩講究滑順通暢，比泰式按摩力道輕柔，因此也特別吸引怕痛的人。此外，全裸的按摩，不能避免身體的接觸，擦槍走火似乎已經成為必然的結果。

一般來說，按摩的行業相當辛苦，透過店家得到的薪資相當微薄。因此按摩師的薪水主要依賴客人的小費。因此，按摩師是否提供「特別服務」，似乎與其是否為同志不大相關，牽涉的反而是他為了金錢所做的「犧牲」有多大。基本上，異性戀的按摩師在提供服務時，通常會先開價，要求500到1000Baht不等的小費。至於男同志的按摩師，在看對眼時，也有可能自願提供服務，甚至表現得比顧客還猴急！但總之，建議按摩客可以視情況給予小費，畢竟光是一個多小時的按壓，在體力上也已經是很大的負荷了。

泰國人崇尚和平，溫和有禮，喜愛微笑。泰國人說愛你的時候很認真，但是明天過後，他可能也會很認真地愛上別人。這就是泰國人可愛之處。對於旅行觀光的人來說，這樣的個性，提供旅程中最沒有負擔的歡樂，並且留下美好的回憶。當然，如果能夠秉持以誠相待的原則，就算激情不再，友情還是能夠繼續，大家一樣快快樂樂地玩樂。

誰教這是曼谷，讓男同志永遠充滿驚喜？！

1

p

Silom

Narathiwat Rachanakarin Rd.

Sap Rd.

Ta
H

32

Soi 10

Pullman G Hotel

㉘

Silom Rd. 泰航

㉗ **Silom Plaza**

㉖ S3

Chong Nonsi

01 D.J. Station
06 Metro Silom Corner (MONEY BOY ZONE)
10 Nooddi-Silom
11 Men Factory Sauna
12 G.O.D.
13 KOGUMA KAFE'
14 Kumajji Deep Fry & Grill House
15 Bearbie Bar-Karaoke
16 One Night Only
17 Balcony
18 Telephone
19 The Stranger Bar & Lounge
20 The Prime Massage
21 Somtum Der
22 Senso Men's Club
23 Fan Club
24 Sauna Mania
25 Adonis Massage
26 Om Yim Lodge
27 Arena Massage
28 Chuffee Berry'

31 Jupiter 2002
32 Tawan Go-Go Show

地圖一：Silom大區域圖

註：❷～❺、❼～❾請見p.94地圖二

0

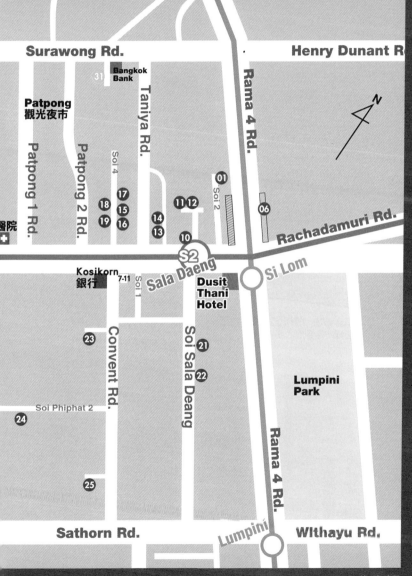

Surawong Rd.

Henry Dunant R

31 **Bangkok Bank**

Patpong 觀光夜市

Taniya Rd.

Rama 4 Rd.

Patpong 1 Rd.

Patpong 2 Rd.

Soi 4

醫院 ✚

01

Soi 2

06

(17)
(18) (15)
(19) (16)

(11)(12)

(14)
(13)

Rachadamuri Rd.

(10)

S2 Sala Daeng

Si Lom

Kosikorn 銀行 7-11

Soi 1

Dusit Thani Hotel

(23)

Convent Rd.

Soi Sala Deang

(21)

(22)

Lumpini Park

Soi Phiphat 2

(24)

Rama 4 Rd.

(25)

Sathorn Rd.

Lumpini

WIthayu Rd.

第1章適用

01 D.J. Station

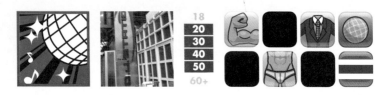

🏠 Silom Soi 2, Silom Rd.

📞 +66(0)2266-4029

🎈 www.dj-station.com

🕐 10:00pm ～ 03:00am

💲 平日：150Baht 起，假日：300Baht 起

🚆 BTS 站：Sala Daeng（S2）
MRT 站：Silom

🚶 Sala Daeng 站 3 號出口下來，往樓梯後方回走，看到 Burger King 旁 Soi 2 巷口左轉，走到底右手邊即是。

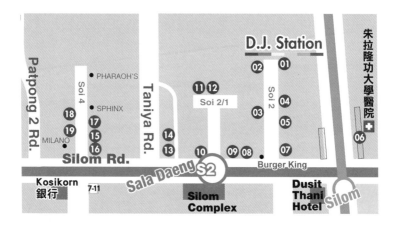

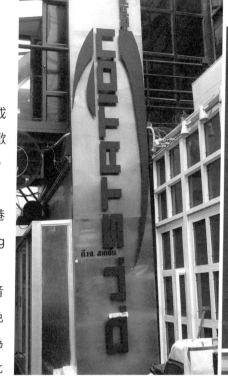

D.J. Station成立18年來，已成為亞洲男同志的聖地。對於喜歡跳舞、喝酒的夜生活男同志們，更是來曼谷的必訪之地。

D.J. Station位於Silom Soi 2巷內，就在Silom Rd.上Burger King旁邊巷子最底。晚上十點以後，便可以在街上聽到清楚的重低音喇叭咆哮著。Soi 2巷子口備有免費寄物處，相當安全可靠，因為D.J.裡的扒竊案件時有所聞，因此將物品寄放在寄物處，是個較安全的作法。

進入Soi 2必須經過一個金屬檢查門，並且檢查護照。平日入場費150Baht，附一張飲料券，假日入場費300Baht，附2張飲料券，入場前會先在手臂上蓋入場章。如果你已經在巷子裡別間店點了飲料，則可以拿著杯子進入D.J. Station（注意玻璃杯上須有D.J.標記），不過因為沒有蓋上出入章，出場之後如要再入場，則要入場費，或者在別的店再點一杯飲料。

每晚最熱鬧時段就是23:30起半小時的扮裝秀結束之後的熱舞時間。空間呈現金屬風格，布置不算精細，但是內部空間陳設、以及音樂內容都符合男同志的慾望需求。在D.J.一樓舞池四周，充滿各種音箱、舞台和長椅，身材健美的男同志不吝惜展露，找到自己的舞台和觀眾，成為D.J.的一大賣點。

在音樂上，D.J. Station可以說是曼谷同志圈的電音聖地。選擇多半為緊跟著潮流的流行電音舞曲，不訴求小眾，大部分舞客都可以朗朗上口。在這裡，可以聆聽到世界上最新、最流行的音樂。

一般來說一樓均為亞洲人區，靠近門口處較多外國人，而靠近內部則較多本地人。常有許多身材姣好或夠high的人會上舞台跳舞。樓上則較多歐美人士，以及喜歡sugar daddy的泰國男孩。三樓有洗手間、陽台吸菸區和坐下來休息的地方。

週末或重大節日去D.J. Station，「擠」是很常見的景象，這也是眉目傳情最好的時機。許多泰國男同志認為，去D.J.就是準備釣人回家一夜情。而有些去D.J.的泰國男同志，則以去local

bar為恥、去D.J.Station為榮。這也可以說明在D.J.裡的泰國男同志多半為對外國同志有興趣者，華人或韓人臉孔，特別容易在人潮中被親密觸摸。如果感覺對，把手回握回去，沒有不成功的道理。

　　D.J. Station具有強大政商後台，可以自負安檢。但是隨著政權更替，警察與D.J. Station的關係時好時壞。許多熟客都會被通知臨檢日期，以免掃興。對觀光客來說，還是小心為要。2008年之後的營業時間多半到凌晨3點，但對外一律宣稱是（法定的）凌晨2點。D.J. Station散場後的Silom Rd.上人聲鼎沸，滿街都是男同志，成為另一個奇觀。

❷ The Expresso

🏠	Silom Soi 2, Silom Rd.
📞	+66(0)2266-4029
🍷	無
🕐	08:00pm ～ 03:00am
💲	調酒 150Baht/ 杯
🚇	BTS 站：Sala Daeng（S2） MRT 站：Silom
🚶	Sala Daeng 站 3 號出口下來，往樓梯後方回走，看到 Burger King 旁 Soi 2 巷口左轉，在巷底左手邊。

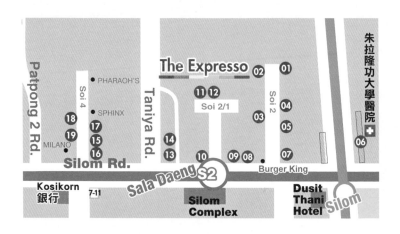

The Expresso位在Silom Soi 2裡，與D.J. Station同一條巷子，就在正對面。如果說D.J. Station吸引的是一群喜歡吃「外國菜」的泰國舞客，那麼The Expresso就屬於愛用國貨的泰國舞客聚集處。The Expresso算是泰國頂級local bar。這裡的客層，除了影藝時尚圈泰國人，也有許多長相不錯的年輕帥哥，雖然是local bar風格，但大多數人的英語能力都相當好。

　　The Expresso無入場費，以點飲料為主。音樂以一首一首舞曲串接，外語歌居多，有時也穿插有趣的泰語歌。最近The Expresso以反串秀為號召，週末晚間十二點後，會有短短的反串對嘴秀。主持人的機智和幽默感相當驚人，尤其台下出現歐美人士時，揶揄搞笑的功夫更是一流。這個噱頭成功地吸引人潮，甚至D.J.的舞客，也會出場跑到The Expresso來欣賞。

⑱ Disco Disco

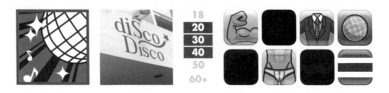

🏠	Silom Soi 2, Silom Rd.
📞	+66(0)2266-4029
🎈	無
🕐	08:00pm ～ 03:00am
$	調酒 150Baht/ 杯
🚇	BTS 站：Sala Daeng（S2） MRT 站：Silom
🚶	Sala Daeng 站 3 號出口下來，往樓梯後方回走，看到 Burger King 旁 Soi 2 左轉，本店在左手邊。

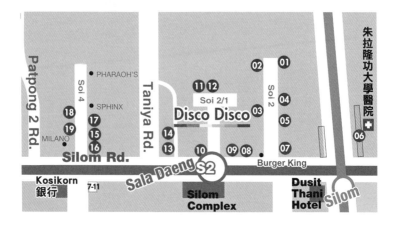

　　Disco Disco的裝潢透露著螢光的氣氛，音樂以英語歌為主，偶有泰國舞曲。此處舞客多半喝啤酒或泰式威士忌調可樂，呈現草根風格。如果你尾隨肌肉猛男進入Soi 2，他不是去D.J. Station，應該就是來Disco Disco。

　　Disco Disco位在Silom Soi 2裡，與D.J. Station同一條巷子，就在J.J. Park正對面。Disco Disco和The Expresso同樣都屬於Soi 2內的local bar，不過The Expresso較多斯文的大學生型男，而Disco Disco則較多粗獷的肌肉猛男。

⓸ Club Café

18
20
30
40
50
60+

 Silom Soi 2, Silom Rd.

 +66(0)2266-4029

 無

 10:00pm 〜 03:00am

 調酒 150Baht/ 杯。

 BTS 站：Sala Daeng（S2）
MRT 站：Silom

Sala Daeng 站 3 號出口下來，往樓梯後方回走，看到 Burger King 旁 Soi 2 左轉，在巷子右手邊。

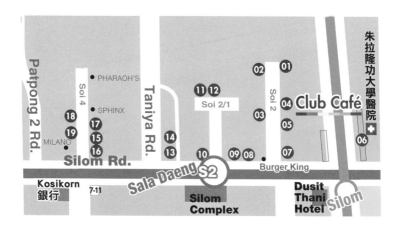

　　Club Café的布置具有地中海風格,進門就是一排長沙發,擺放著色彩鮮豔的抱枕。一群一群微醺的泰國型男聚著聊天,與D.J.內部的狂野形成有趣對照。

　　Club Café最有名的即是他們的調酒,調酒師熟練俐落,也略通英語。同樣名稱的調酒,在Club Café裡花一樣的價錢,卻有更好的品質。因此許多愛喝酒的舞客,都會在此處買酒,再拿進去D.J. Station或其他店跳舞。推薦的調酒包括紫色的Around the World．Violet或者三層色彩的Three Colors。

　　值得一提的是,D.J. Station的洗手間往往客滿,如果你在Club Café消費,不妨到二樓欣賞一下他們精心布置的洗手間,會對這家店特殊的典雅留下深刻印象。

05 J. J. Park

	18
	20
	30
	40
	50
	60+

🏠 Silom Soi 2, Silom Rd.

📞 +66(0)2266-4029

🍷 無

🕐 10:00pm ～ 2:00am

💲 調酒 150Baht/ 杯

🚈 BTS 站：Sala Daeng（S2）
MRT 站：Silom

🚶 Sala Daeng 站 3 號出口下來，往樓梯後方回走，看到 Burger King 旁 Soi 2 左轉，右手邊第一家。

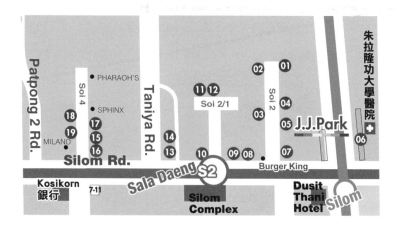

　　　　　　　J.J. Park位在Silom Soi 2裡，與
D.J. Station同一條巷子，經過巷口
金屬檢查門後，右邊第一家。

　　J.J. Park有駐唱歌手，吸引的多半為較靜態的客人，包括泰
國中年男同志，及一些歐美人士。節目為晚上十一點過後，三個
主要歌手，每人約30～45分鐘的演唱。歌手實力出色，比起唱
片歌手毫不遜色。他們也因為在此駐唱而小有名氣，在其他地方
也有許多演出機會。曲目多半以英語與泰語歌為主，與台下客人
的親切互動，吸引許多忠誠顧客。近年來由於中國熱興起，歌者
們也開始學華語，聽到腔調特殊的華語歌，不用覺得意外。

　　J.J. Park經營者為求突破，要求歌手必須由靜態的演出變成
載歌載舞。這種近似秀場的表演形式，常製造許多笑料。賣力伴
舞的男舞者，燦爛笑容更吸引很多目光。泰語流行歌具有一種獨
特的可愛溫馨，對此有興趣的，不妨來此熟悉現今流行的曲調，
體會泰國歌唱Bar的特殊氣氛。

06 **Metro Silom Corner**
(MONEY BOY ZONE)

	Silom Rd. 和 Rama Rd. 交接口
	無
	無
	10:00pm ～ 02:00am
	約 500Baht/ 小時以上
	BTS 站：Sala Daeng（S2） MRT 站：Silom
	Silom 站 2 號出口，沿地鐵站天橋跨越 Silom 路，可以看到麥當勞以及位於地下室的 Top Supermarket，此處路邊即是。

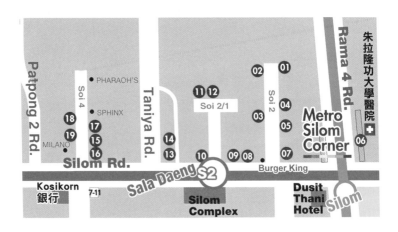

雖然說曼谷的同志性產業發達，但仍有一些性工作者不願意被店家管轄而選擇個體戶形式。如其他大城市，這些人在特定區域集結，也吸引內行人前往尋歡。Silom區因為異性和同性的性產業都發達，在邊陲地區，也容易看這些個體戶的性工作者。

　　位於MRT地鐵Silom站2號出口對面，麥當勞或地下室的Top Supermarket旁，此處即為阻街牛郎出沒地。最大原因大概是Top Supermarket提供免費廁所，且許多前往Silom地區玩樂的同志均將車子停放在這棟大樓旁的停車場，這些路過、酒酣耳熱的舞客，成為男孩們的主要客源。

　　此外，越過Rama 4 Rd.的Chulalongkorn Hospital（朱拉隆功大學附設醫院）轉角，因為較隱密，也可以看到他們的蹤跡。

　　識別這些男孩的方式，通常他們不像專心在等車或等人的樣子。他們會以眼神對過往行人放電，甚至主動打招呼。有興趣嘗試此道的朋友，要小心安全。因為這些男孩並不隸屬於任何店家，進行交易可能有風險，在此被搶或仙人跳也曾發生。如果要嘗試，建議要有熟悉的當地朋友陪伴，並請務必注意安全。

老鳥帶路 BOX

小心急凍冷氣！

泰國長年都是熱天，只有普通熱和非常熱的差別，室外溫度通常都會讓人汗水直流；但是在室內（包括捷運車廂內、百貨公司商場、旅館房間）則習慣把冷氣開很強，如果怕冷，最好在包包內準備薄外套或長袖衣服，以免被凍著！

⑦ Paradis Spa

🏠 8-8/1-8/2, Silom Soi.2, Silom Rd.

📞 +66(0)2632-9730

🍷 無

🕐 10:00am ～深夜

💲 Massage：foot massage 250Baht，Thai massage 350Baht，其他699Baht起。
Spa Package：999Baht 起。

🚆 BTS 站：Sala Daeng（S2）
MRT 站：Silom

🚶 Sala Daeng 站 3 號出口下來，往樓梯後方回走，約 20 公尺可見到 Burger King 招牌，面對 Burger King 右側巷口即是。
由 MRT 地鐵 Silom 站 2 號出口出站，過馬路即可到達。

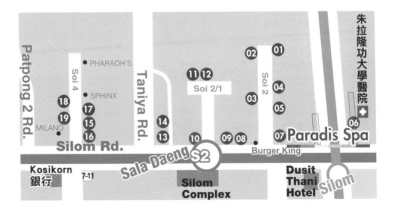

　　Paradis號稱是Silom最大spa中心，以Silom區較平價的消費來說，確屬較高檔消費。擁有絕佳地理位置，就在同志聖地D.J. Station所在的Silom Soi 2巷口。

　　嚴格來說，這裡並非專屬同志的按摩，男女師皆有，且男師包含異性戀。不過，畢竟在這個以男同志為主的地段，對於男同志需求，店家與男按摩師都有相當程度的瞭解。

　　巷口路邊排排坐當班的按摩師，如果遇到喜歡的類型，可主動表示要按摩。他會領你到二樓高雅舒服的接待處，讓你邊喝飲料、邊更換拖鞋，並給你輕便的按摩服更換。如果路邊按摩師沒有中意的，也可以上二樓，告知櫃枱想看當天按摩師陣容，櫃臺會安排按摩師排成一排，供你挑選。

　　有趣的是，其他按摩店會讓按摩師站在顧客面前，讓他們各憑本事吸引目光，形成不小壓力。Paradis則是請按摩師站在較

遠處，讓害羞的顧客不至於尷尬。

　　服務項目包括：腳底按摩、泰式按摩、精油按摩和spa套裝。按摩房空間頗大，乾淨、靜謐，有獨立衛浴，給客人較大的隱私空間。按摩師皆經過良好的訓練，少有聽說按摩技術不好的情形。偏好「額外服務」的朋友來說，則要小心某些不良按摩師獅子大開口的情形。極少數按摩師自恃Paradis在此地區的高檔特質，對特殊服務開出的小費也相當「高檔」。當按摩師開始對你做出挑逗動作時，最好先詢問清楚意向或行情，以免敗興而歸。

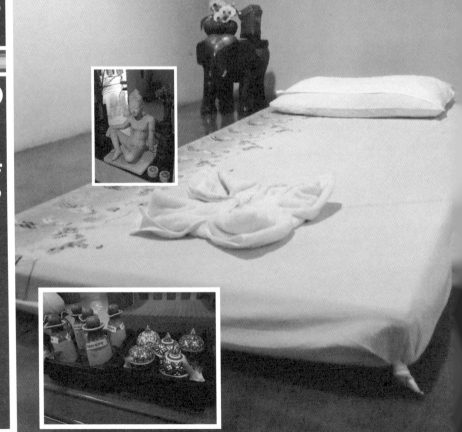

在曼谷打電話怎麼撥?

本書標記的曼谷店家電話,以「+66(0)2634-2078」號碼為例,前面的「+」是世界通用的國際碼,「66」是泰國國碼(台灣的國碼為「886」)。

如果你用台灣手機門號在當地打(或從台灣打到泰國),要輸入「+6626342078」。(這樣算是越洋電話,費率很高,建議最好不要這樣打!)

如果你是買泰國當地的手機門號撥打,只需輸入「026342078」(很像在台灣用手機打台北市的市話,不同的是,曼谷城市碼已併入市話號碼只要撥九碼);如果用當地公用電話或市話,只要後面八碼「26342078」。

計程車不跳表怎麼辦?

在曼谷的計程車,原則上都應該跳表計價。但是有些不肖的計程車司機會漫天喊價。特別是觀光客聚集的Silom Rd.或附近的Patpong夜市一帶,尤其夜間,從D.J. Station半夜跳完舞要回旅館,很容易遇到計程車喊價。怎麼避免被坑?

首先,上計程車立刻問:「By meter?」計程車司機大都英文不好,但至少這一句一定聽懂,只要搭配手勢指著計價表詢問,他就知道問的是什麼?

只要司機搖頭不願意跳表、用喊價方式,別遲疑,立刻下車。不要嫌麻煩,多問幾台,或多走幾步路,遠離觀光客眾多的Silom Rd.(像是:從D.J.的Soi 2出來後,左轉走到Rama Rd.對面),通常都可以招到願意跳表的計程車。

COFFEE CLUB

20
30
40
50

🏠 12/3 Silom Rd.

📞 +66(0)84-665-4126

🎈 無

🕐 8:00am ～ 1:00am

💲 約 65Baht 以上

🚇 BTS 站：Sala Daeng（S2）
　MRT 站：Silom

🚶 Sala Daeng 站 3 號出口下來，往樓梯後方回走，約 20 公尺即可看到。

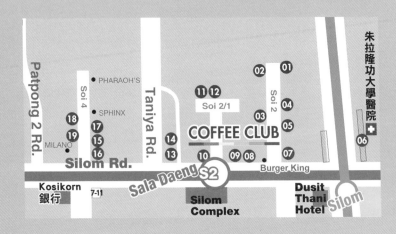

　　原名Coffee Society重新裝潢改名的COFFEE CLUB，以嶄新的
姿態再度開張。這裡雖然不是同志場所，卻充滿濃濃的同志味。
依舊提供咖啡，飲料，蛋糕，輕食等簡單的餐點，店面擺設並沒
有大幅度的變動，但整體環境與裝潢都變得更加摩登新穎。

　　原本供客人上網的電腦區已經撤掉了，一樓的包廂區也調整
為開放式的桌椅，讓空間更為寬敞明亮，一掃原本店面陳舊黯淡
的感覺，取而代之的是清新活潑的氛圍。如果是團體的客人他們
也會開放樓上的空間讓同志朋友可以包場聚會。

　　面對落地窗的矮桌依舊能瀏覽街上帥哥型男。店門口到街口
中間玄關區的戶外桌椅也仍舊是客人最愛的區域，很多同志朋友
都會在店門口喝飲料聊天，眼神不時打量路過的各國佳麗們。不
過已經不像過去的24小時全天服務，目前只開到凌晨一點。全
新出發的COFFEE CLUB還是在Silom區除了五光十色的夜店酒吧
與秀場之外，一處可以跟三五好友輕鬆自在聊天的地方。

09 Bug & Bee

 18 Silom Rd.

📞 +66(0)2233-8118

🌐 www.bugandbee.com

🕐 11:00am ～ 02:00am

💲 150Baht 以上

🚈 BTS 站：Sala Daeng（S2）
　　MRT 站：Silom

🚶 Sala Daeng 站 3 號出口下來，往樓梯後方回走約 15 公尺可達。

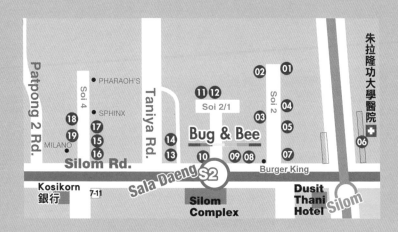

佔地利之便，加上舒適環境，Bug & Bee成為同志們在Silom區的重要歇腳處。地面是暖色系色調，充滿明亮溫暖氣氛。

這裡以提供平價的融合料理出名，由泰式與義大利式料理中汲取元素，開發出新的組合。比如說，以各種泰式咖哩醬汁搭配義大利麵，在東方口味中有西方的清爽，因此也格外吸引注重品味的同志朋友。

內部陳設上，Bug & Bee也具有友善的思考。每一層樓均有不同主題，有沙發也有懶骨頭，戶外花園以及一般餐桌。顧客可以視自己的心情和目的，挑選不同的座位。傍晚後，總是聚滿年輕人，討論學業、工作或是單純的朋友聚會，相當熱鬧。午夜之前，也有許多準備到Soi 2玩樂的同志朋友先在此集合、休息，因此在晚間10點左右，貨色齊全，餐桌之間的眼神交錯頻繁，非常有趣。

Bug & Bee也提供免費電腦和網路供顧客使用。在按摩、逛街以及跳舞的空檔，是一個舒服的休息之處。

⑩ Nooddi-Silom

🏠 60/1 Silom Rd.

📞 +66(0)2632-7989

🔖 nooddithai.com/eng_main.htm

🕐 11:00am ～ 04:00am

💲 約 90Baht 以上

🚆 BTS 站：Sala Daeng（S2）
MRT 站：Silom

🚶 Sala Daeng 站 3 號出口下來，前方不遠即可見。

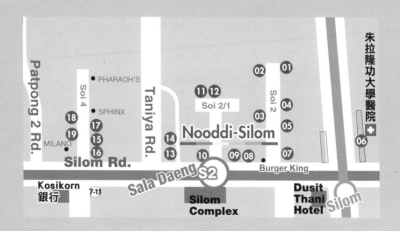

Nooddi顧名思義，就是以麵食（noodle）為主的餐館。走進店內就可以看到特殊的裝潢，各種中式、義式、泰式乾麵條，裝在玻璃罐裡，陳列出來饒富趣味且適切地說明店的風格。這裡可以吃到各式各樣的麵點，從泰式粿條、蛋麵，日式拉麵、義大利麵，到中式麵食都有。料理方式有炸、炒、湯麵等等。

Nooddi在曼谷有四家分店。Silom分店，因地利之便，營業時間長（半夜四點才打烊），特別受到同志朋友歡迎。尤其在Soi 2夜店打烊後，成群同志湧向Silom路，尋找充飢的地方。明亮的店面，合理的價位，成為大部分亞洲遊客的宵夜去處。

店內常看到穿著鮮豔的猛男們，操著各國語言，一邊八卦一邊狼吞虎嚥。順便在明亮燈光下，好好地打量正穿越旁邊巷子準備到G.O.D.的菜色。這個有趣的理由，讓Nooddi成為男同志逗留之處。

⑪ Men Factory Sauna

🏠 Silom Soi 2/1 底 G.O.D. 旁

📞 +66(0)2632-8793

🎈 www.mfsauna.com　　f menfactory

🕐 週一至週日 02:00pm ～ 06:00am

💲 入場費：週一至週四 150Baht、週五至週日 170Baht

🚇 BTS 站：Sala Daeng（S2）
　　MRT 站 :Silom

🚶 Sala Daeng 站 3 號出口下來，行至 Noodi 旁的巷子即是 Silom Soi 2/1，進巷後左轉到底即見店家橘紅色店招。

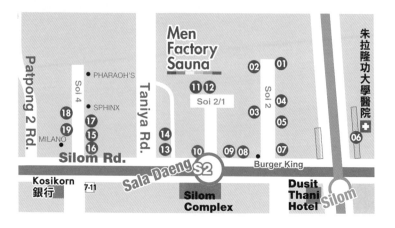

　　位在Silom Soi 2/1巷底的Men Factory Sauna緊鄰G.O.D.，絕佳地點讓其在開幕後便迅速地累積了旺旺人氣。

　　空間配置稍顯複雜，櫃枱繳費後直上2樓就是更衣區及置物櫃。更衣區下一層是健身房及交誼廳，往上一樓則是一個可當作表演空間的暗房區域。再往上前進便會來到盥洗區。洗澡區域彷彿是在跟三溫暖天后Babylon的設計致敬，大圓柱的弧型淋浴空間加上螢光藍燈，營造出略帶迷幻的視覺印象，搭配不停循環的電子重拍，讓人打淨身開始便有開心一場的心理準備。頂樓是個半露天的休憩區，想歇歇喝杯飲料的客人也可在這裡附設的小吧台點瓶啤酒。有趣的是，建物緊鄰隔壁民房，若從休憩區陽台往外窺看，其實是有機會和住戶四目交接、隔空傳情的。筆者就曾在全裸之夜目睹陽台右側的民房窗戶旁有人影竄動，看來隔壁的住客已算準當日有免費男體可賞，早就搬好板凳坐著看秀啦！

　　不似臨近的Sauna Mania幾乎只有亞裔來客或Babylon被西餐

軍團佔領，Men Factory Sauna就是四海同志皆一家的最佳體現。不論你是白黃或咖啡、環肥還燕瘦，姐妹不爭寵、人人都有菜吃。

來客比較沒有固定的族群之別：從臨近工作的當地人，到來自世界各地的觀光客，多樣化顧客群讓你有機會從泰籍熟齡壯爹一路交手到Bel Ami系的歐陸鮮嫩背包客。但也因為地處Silom之故，客人中偶有專業或兼職的boy插花。提醒讀者，雖然Men Factory Sauna試圖杜絕「工作者」入場交易，但防不勝防，若真有遇到還請自行斟酌是否另闢戰場廝殺。

老闆非常重視顧客意見，還在更衣間的告示上大方分享自己手機號碼，請客人有什麼想法直接「摳硬」頭家不用等。總地來說，Men Factory Sauna場地維護表現可圈可點，負責環境清潔的工作人員來來回回到處走動算是勤快。雖然櫃枱收銀小弟總是有著彷彿白人男友被拐走的臭臉，初次消費的客人還請不要介意儘管上樓就是。另外，會說基本泰文的讀者可以試著使用泰語購票，有時可成功以本地人價120Baht入場。

午後2時就開張的Men Factory Sauna天天都營業到凌晨6點，若客人在G.O.D.或D.J.被眾家男體騷弄得慾火難耐，不妨在酒酣耳熱之際帶著「腥」朋友來Men Factory好好認識彼此。店家也會定期舉辦全裸或內褲派對等主題之夜，有特別喜好的讀者可先上官方臉書專頁確認當晚主題後再前往。

⑫ G.O.D.

  18 **20** **30** **40** 50 60+

 Silom Soi 2/1, Silom Rd.

📞 +66(0)2632-8033

🍷 無

🕐 10:00pm ～ 05:00am

💲 01:00am 過後，300Baht 附兩張飲料券

🚇 BTS 站：Sala Daeng（S2）
MRT 站：Silom

🚶 Sala Daeng 站 3 號出口下來，前方巷子 Silom Soi 2/1，即 Nooddi 旁的巷口進入巷子即可看到。

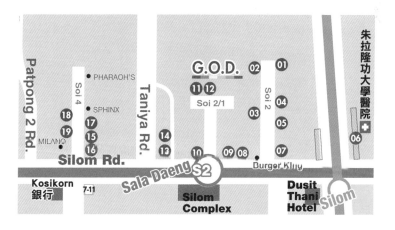

D.J. Station半夜兩三點散場之去哪裡？答案是G.O.D.。

位於Soi 2和Thaniya Rd.中間巷子，巷口為麵食店Nooddi。這空間以前曾是以扮裝秀聞名的Freeman，後來改為G.O.D.（意為Guys on display）後，變身超陽剛的猛男天堂。

內部設計像巨大倉庫，橫跨眼前的是巨大如catwalk般的伸展台，聘請的肌肉猛男，穿著小得不能再小的內褲，在台上熱舞，挑逗大家已經high了或醉了的視覺神經。對身材有自信的舞客，也可以在伸展台上盡情表演。

許多人認為D.J. Station的音樂太秀氣，而G.O.D.則透露一種陽剛霸氣，配上重低音喇叭，以及挑高建築的迴音效果，跳起舞來特別有勁。昏暗燈光裡，看猛男們耳鬢廝磨，大家抱在一起享受強力重拍刺激，從D.J. Station醞釀的氣氛，在此處漸漸地開始散發。

G.O.D.因為舞客較high爭議性高，也較容易受警方注意。01:00am前遭臨檢的消息時有所聞。打烊時間也隨著政局和治安情勢而有變化。在享受肉體和精神的刺激時，也務必要小心。

泰國人對皇室的態度

泰國人對於泰皇或皇室都非常尊敬，地位有如神一般。許多泰國人家裡，或是店裡，都會有泰皇照片，甚至在路邊也常看到巨型泰皇照片。泰國人只要看到國王照片，常會謙卑合十以示敬意。

和泰國人聊天時，避免談論皇室或泰皇種種，以免對泰國人不敬或冒犯。

曼谷地址霧煞煞！

曼谷地址真的很不容易看懂，別說剛到泰國的人一頭霧水，常旅遊泰國的資深玩家也不一定能順利用地址找到目標。尤其是從泰語譯音的英文路名，經常會有不同的拼字，搞得人霧煞煞！

不過還是有些基本常識可以瞭解一下。

1.地址裡的「Soi」指的就是「巷」。

2.英文路名，因為是從泰語譯音，不同地圖或旅遊書的標示，會有些許差異，唸唸看，發音相似地理位置也差不多的，應該就是指同一條路了。

3.與其想按照地址找，還不如打聽附近有哪些明顯的路標，以此為識別，會來得方便實用。

13 KOGUMA KAFE'

| 18 |
| 20 |
| 30 |
| 40 |

🏠 C35 Silom Rd.

📞 +66(0)2-632-8822

📍 無

🕐 週一至週五 11:30am ～ 10:00pm
週六、週日 03:00pm ～ 10:00pm

💲 視點用餐食而定

🚇 BTS 站：Sala Daeng（S2）
MRT 站：Silom

🚶 由 Sala Daeng 站 3 號出口下來，直行約 50 公尺便可在右側瞧見 KOGUMA
KAFE' 的鮮黃色招牌。

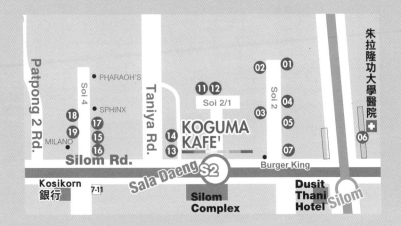

　　這兩年曾來曼谷Silom走跳的讀者一定對KOGUMA KAFE'亮黃色的熊熊招牌不陌生。距離知名的純按摩名店Body Tune僅有幾步之遙，由同志伴侶經營的KOGUMA KAFE'飲料店不僅是鄰近上班族的下午茶最愛，也為熊族朋友們提供了個聊天放鬆的溫馨角落。

　　老闆Bon（日本及外國客都叫他Boru）和Ta是兩位在一起超過15年的同志伴侶；Bon是一位有著憨厚笑容的鬍子熊，他已有超過10年的飲料店資歷，除了KOGUMA外，也打理另外一家位於商辦區的咖啡店。有感於Silom區雖然咖啡店林立，但卻沒有一個較健康的飲料選擇，遂於2年多前決定和伴侶Ta一起開家以水果冰沙為主打的概念飲品店。

　　店裡的水果冰沙不像一般手調飲料店是用濃縮糖漿加冰塊下去攪，而是用新鮮或事先冷藏的水果塊在點單後現打。除了冰沙

外，也有種類繁多的茶飲選擇。為了給熟客不一樣的多變感受，KOGUMA每2個月就會推出新飲品。也因為兩位老闆本身都是健身咖，他們也特別在menu中為同好們設計了不同口味的蛋白能量飲品。KOGUMA老闆Bon交友廣闊，每年除了在攤頭擺上台灣的同遊及派對訊息，本身也有許多來自台灣好友。他特別希望下回台灣朋友到店內捧場時，記得多嘗試不同口味的現打冰沙，不要每次都只會點珍奶啦！

 老鳥帶路BOX

護照需要隨身帶嗎？

曼谷的夜店都會檢查證件，確認是成年人才能進入。對觀光客來說，就必須使用護照作為身份證明，但是隨身帶護照非常不方便，萬一掉了很麻煩。最好的方式，就是出國前先影印護照最前面（有照片、姓名和重要資訊的那一頁），到了當地，把護照正本鎖在旅館保險箱內，隨身帶護照影本即可。根據多年來的經驗，曼谷夜店都可以接受護照影本作為身分證明。另外，現在智慧型手機普及，將護照資訊頁清楚地拍照下來，許多店家也接受這樣的身分證明。

Kumajji Deep Fry & Grill House

| 18 |
| 20 |
| 30 |
| 40 |

 C35 Silom Rd.

 +66(0)2632-8383

 Kumajji

 週一 11:30am～08:00pm，週二至週五 11:30am～10:00pm，週六、週日 02:30pm～10:00pm

 視點用餐食而定

 BTS 站：Sala Daeng（S2）
MRT 站：Silom

由 Sala Daeng 站 3 號出口下來，直行約 50 公尺便可在右側瞧見 KOGUMA KAFE' 的鮮黃色招牌。隔壁就是 Kumajji Deep Fry & Grill House。

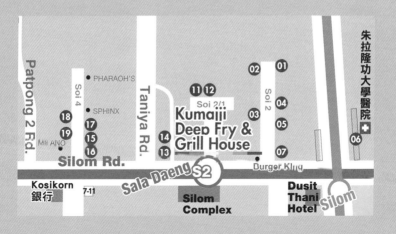

位於KOGUMA KAFE'隔壁的Kumajji Deep Fry & Grill House，也是由同志伴侶經營的炸物店。老闆之一的Sun是曾於藍帶廚藝學院加拿大分校修業的料理達人。有鑒於「分子美食」風潮颳進泰國，便決定學以致用自己開家小舖將分子美食的概念用實惠的價格分享給更多人知道。招牌餐點是鮮嫩的炸雞加上各款不同口味的淋醬，有泰式有日式，不管怎麼搭配都好吃。

除了主打的炸雞外，Sun也會不定時開發新美味，提供客人

多元的止飢選項。順道一提，Kumajji老闆有位常來幫忙顧店的朋友是Instagram名熊，只要他現身，攤頭前就會有鐵粉聚集。有興趣的讀者也可以來Kumajji碰碰運氣，說不定還可以借買炸雞之名，行摸肌肌之實呦！

　　儘管這兩家鄰近的店，都只有在外頭擺兩三張小板凳，但一群群逛街逛累了或上班上癱了的熊熊們總是會拿著飲料就在KOGUMA或Kumajji前小聚聊八卦。

⓯ Bearbie Bar-Karaoke

 2nd Floor, 82 Silom Soi4, Silom Rd.

 +66(0)2632-8446

 www.bearbiebar.com

 週五、週六 07:00pm 〜 02:00am
週日〜週四 07:00pm 〜 01:00am

 150Baht 以上

 BTS 站：Sala Daeng（S2）
MRT 站：Silom

Sala Daeng 站 3 號出口下來，往前直走，經過 Thaniya 路，再繼續往前走，
至 Soi 4 右轉進去，可愛的黃色小熊標誌就在右方。

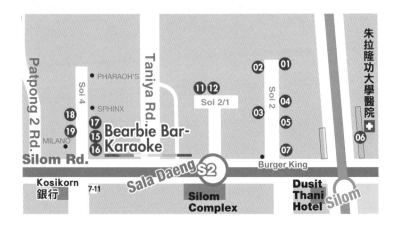

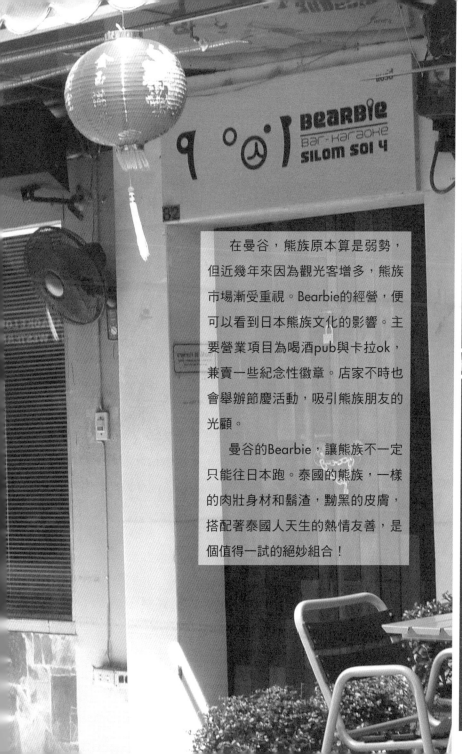

在曼谷，熊族原本算是弱勢，但近幾年來因為觀光客增多，熊族市場漸受重視。Bearbie的經營，便可以看到日本熊族文化的影響。主要營業項目為喝酒pub與卡拉ok，兼賣一些紀念性徽章。店家不時也會舉辦節慶活動，吸引熊族朋友的光顧。

曼谷的Bearbie，讓熊族不一定只能往日本跑。泰國的熊族，一樣的肉壯身材和鬍渣，黝黑的皮膚，搭配著泰國人天生的熱情友善，是個值得一試的絕妙組合！

⑯ One Night Only

18
20
30
40
50
60+

🏠 74/74-1, Silom Soi 4, Silom Rd.

📞 +66(0)8-1485-6247

🎈 www.ono-bkk.com　f ono.bkk

🕐 週一至週日 06:00 pm ～ 03:00 am

💲 視點用飲料而定

🚇 BTS 站：Sala Daeng（S2）
MRT 站：Silom

🚶 Sala Daeng 站 3 號出口沿著 Silom Rd. 直行，過日本風 Thaniya 路後，再繼續前行至 Soi 4 右轉，入巷後右側即是。

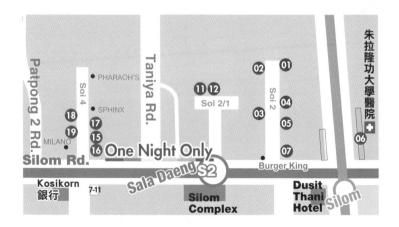

　　宛如台北紅樓的Silom Soi 4除了有Telephone、Balcony等老牌露天酒吧坐鎮，這兩年來又有新血加入。巷口的One Night Only及The Stranger Bar便以截然不同的氛圍基調，為Soi 4越夜越美麗的多變妝容再添幾抹靚眼新色。

　　One Night Only是由中、德、泰來自不同文化背景的三位老闆聯手打造。結合了類似RCA區的表演club模式及Soi 4的傳統

bar形態，滿足了不同客群的消費需求。每逢週末便會請生猛肌
壯的多汁男模來做Go-Go秀並兼作伺酒小弟。

　　這些由華裔老闆Johnny精挑細選的鮮肉們色藝雙全，而且都
很不傲嬌地親切可人。他們除了會在店門口打赤膊攬客當活招牌
外，也會幫客人點單上酒。當然，這群男模絕對不會怠惰老闆砸
錢請他們來的首要任務：上台賣弄只穿小三角的青春胴體，並騷
弄男客懷春情懷好讓他們小費一直給、酒水點不停。

　　一樓是熱點所在，來客可以選擇在戶外座位小酌並視淫來來
往往的各色男子，也可以在室內讓DJ現場混製的重拍節奏淌進
細胞。2樓目前提供給有包場需求的人客使用，宛如巴黎紅磨坊
再現的水晶吊燈及紅絲絨座椅，非常適合好友們在此舉辦單身趴
踢或猛男生日派對等主題活動。

⓱ Balcony

18
20
30
40
50
60+

	86-88 Silom Soi 4, Silom Rd.
	+66(0)2235-5891
	www.balconypub.com
	05:30pm ～ 02:00am
	50Baht 以上
	BTS 站：Sala Daeng（S2） MRT 站：Silom
	Sala Daeng 站 3 號出口下來，往前直走，經過 Thaniya 路，再繼續往前走， 至 Soi 4 右轉進去，就可以看見右方 Balcony 活潑的大紅色招牌。

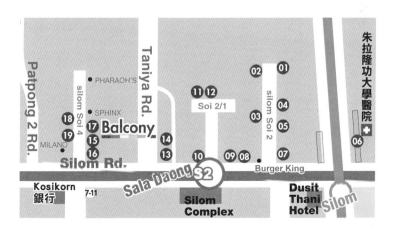

　　Balcony與Telephone分別在Soi 4的兩側，都是國際知名度高的同志場所，Balcony是複合式pub，除了飲料、餐點。也有卡拉ok和網咖，在街上擺放了許多位子。Balcony相當熱衷於把握各種節日舉辦各式活動吸引人潮，這些活動，不管是選美或者歌舞秀，時常直接在街道上圍成一個現成的舞台，有一種特殊的親切感。Balcony也大力地支持泰國的同志活動，在此消費，可以免費索取許多同志旅遊資訊。

⑱ Telephone

18
20
30
40
50
60+

🏠	Silom Soi 4, Silom Rd.
📞	+66(0)2234-3279
🎈	www.telephonepub.com
🕐	06:00pm ～ 02:00am
$	50Baht 以上
🚃	BTS 站：Sala Daeng（S2） MRT 站：Silom
🚶	Sala Daeng 站 3 號出口下來，往前直走，經過 Thaniya 路，再往前走，至 Soi 4 右轉進去，就可以看到 Telephone 顯眼招牌於左側。

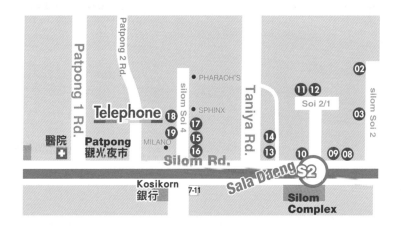

Telephone自1987年開始營業後，可說是曼谷最多元的一家同志pub。入夜後的Telephone相當熱鬧，從街道上排滿的桌子，滿滿的客人就可以看出受歡迎程度。往往一走近，百只眼神朝你投來。提供觀察路人的絕佳座位，也是本店吸引人的原因。

Telephone在崛起之初的命名，是因為餐桌上放置電話，讓不同桌客人可以依桌號撥打電話給有興趣的其他桌客人。現在的Telephone有餐廳、pub和卡拉ok等種種功能。Telephone也相當關注曼谷的同志運動，因此在國際媒體上曝光率頗高，許多歐美年輕同志，就算對當地歌舞昇平的夜生活沒興趣，還是會來Telephone喝一杯酒，聊聊天。

另外值得一提的是，Telephone持續贊助各種同志刊物、旅遊手冊，在這邊可以自由取用這些實用資訊。

⑲ The Stranger Bar & Lounge

18
20
30
40
50
60+

 114/14 Silom Soi 4, Silom Rd.

 +66(0)2632-9125

 無

 週一至週日 05:00pm ～ 02:00am

 視點用飲料而定

 BTS 站：Sala Daeng（S2）
MRT 站 :Silom

 Sala Daeng 站 3 號出口下來，沿著 Silom Rd. 直行，過日本風 Thaniya 路後，再繼續前行至 Soi 4 右轉，入巷後左側即是。

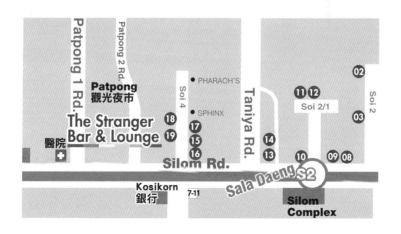

位在One Night Only對面的The Stranger Bar & Lounge是一家
帶有美式風情的時尚新選。

The Stranger係由曾旅居紐約10年的愛爾蘭裔Sean及泰籍
拍檔M一起經營。The Stanger特別的店名其實是由Sean的姓
L'estrange延伸而來。 呼應店名的陌生人概念，內裝特別以神祕

闇夜黑為主調，綴以有點距離感的嘉年華面具，讓整個空間瀰漫著一股危險的性感氛圍。客人除了可以選擇在一樓的露天座位或吧台區來一杯外，若是姐妹們聲勢浩大地各自帶著泰郎新歡相約碰頭，則可到二樓的包廂區內把酒言歡。包廂空間除了場地寬敞外，還有個能睥睨眾生的小看台，就是要滿足你我心中diva虛榮心的絕妙設計。

　　這裡的雞尾酒選項繁多，若讀者在happy hour時段內消費（05:30pm～09:00pm），每杯飲品更只要花你100Baht。店裡也有多款招牌限制級特調shot，從現打的Sperm到新鮮的Golden Shower，只要你開口，保證酒保立馬「弄」給你！

最新情報 看同志地圖

在曼谷這樣一個國際化的彩虹都會，同志空間非常多，不論是三溫暖、酒吧或是按摩店，在好幾個同志區林立。你可以透過各類定期出版的同志地圖搜尋想要探訪的同志空間。這類的同志地圖大都是一個月出版一次，分為折頁式或刊物式兩種。索取的地方，在同志三溫暖或餐廳。

以最多觀光客光顧的Silom Rd.來說，你可以在Soi 4的Telephone餐廳、Balcony酒吧等地，或是部分男男按摩店免費索取。

⓴ The Prime Massage

18
20
30
40
50
60+

 128/23 Silom Soi 6, Silom Rd.

 +66(0)2634-2078

 無

 12:00pm 〜 00:00am

 450Baht/2hr 〜 750Baht/2hr

 BTS 站：Sala Daeng（S2）
MRT 站：Silom

Sala Daeng 站 3 號出口下來，沿 Silom Rd. 直走約 400 公尺，（經曼谷基督教醫院）至 Silom Soi 6（巷口為銀行）右轉進去後，在左邊第二巷子口左轉，即可看到 The Prime Massage 醒目招牌於左側。

　　The Prime Massage能在曼谷同志區競爭激烈的massage同業中異軍突起，無非是其低價策略。這家店為五層樓建築，老闆娘是香港人，通英語、華語與泰語。按摩師多半為精壯泰國青年，許多人不諳英語；但或許因為年輕，服務上不管手法熟練與否，起碼都還算具有誠意。

　　兩小時泰式按摩450Baht，兩小時精油按摩750Baht。也許因為成本考量，精油由店家統一提供，顧客不能選擇香味。值得一提的是，內部陳設相當簡單乾淨，相對於其他類似價位的massage來說，可說是實惠的選擇。由於並非標榜男男按摩，所以不要以為這邊的按摩師都會提供特別服務，反而敗興而歸。

（此巷子過The Prime Massage繼續往前，可以抵達近Suriwong Rd.的TAWAN Go-Go Show。）

21 Somtum Der

🏠 5/5 Soi Sala Daeng, Silom Rd.

📞 +66(0)2632-4499，+66(0)84-764-4291

🎈 www.somtumder.com　f somtumder

🕐 週一至週五午餐 11:30am ～ 02:00pm，晚餐 04:00pm ～ 11:00pm。
每週日公休

💲 視點用餐食而定，每道菜幾乎都在百元以內。

🚆 BTS 站：Sala Daeng（S2）
MRT 站：Silom

🚶 Sala Daeng 站 4 號出口下來到 Silom Complex 大門口，往 MRT Silom 站方向直行約 200 公尺，在曼谷銀行前的 Soi Sala Daeng 巷口右轉，入巷後繼續前行約 300 公尺即可在左手邊見到店招。
Silom 站 2 號出口，前行約 50 公尺左側便是 Soi Sala Daeng 巷口，左轉入巷後繼續前行約 300 公尺即到。

　　提到泰式料理就一定會想到來自泰國東北的美食天后：青木瓜沙拉，從東方文華的頂級泰菜餐廳，到傳統市集裡的推車小販都可找到她的身影。儘管調料多樣、口味千變，經典酸、甜、辣三主味仍像宋干節（潑水節）的溼黏裹在暹羅子民的記憶中，不曾離去。藏身在Silom區Sala Daeng巷中的Somtum Der以東北美食的傳承者之姿，用俐落的原木內裝及最道地的伊善（泰國東北部20個府的統稱）原味，為曼谷饕客們提供了一個時尚乾淨的泰菜新選擇。

　　年輕老闆Eh來自泰國東北的Khon Kaen省。其實從店名的「Der」字中便可猜到老闆的伊善背景：這個字是伊善區居民常用的語尾助詞，也是親朋好友互相邀約時常掛在嘴邊的親暱用語。非常懂吃的他，不愛曼谷人總是把大家的國民菜——青木瓜沙拉弄得甜滋滋，便決定開家專賣正港東北菜的食堂，並把在伊善區

常用的Pla Ra（一種魚露，以多種碎魚塊加鹽巴及米糠發酵而成）介紹給曼谷國的挑剔味蕾。

　　菜單上近20種不同口味的青木瓜沙拉，每道都是客人點才現搗現做。想一睹製程的讀者可選在一樓用餐。開放式吧台上成排大糖果罐裝著各式新鮮食材，映照著廚師調理食物的勤快身影，讓單純的用餐也能升級成不同層次的文化體驗。除了招牌青木瓜沙拉，也品嚐得到各式經典伊善菜色如涼拌豬肉沙拉及東北酸香腸等。特別推薦每日限量的烤豬頸，多汁鹹香的肉身搭配特調蘸醬，再佐口冰鎮啤酒，讓人不用去Hero也高潮。

　　Somtum Der在紐約東村分店最近獲得紐約時報1星評等，對洋人來說，辣到要掐奶頭的正統伊善味能如此出色也算暹羅之光。老闆在Thong Lor區開了另一家打著奶奶祕傳食譜的新潮食肆：Supanniga Eating Room，和Somtum Der區隔，係以泰東家常味為主。若到Thong Lor區小酌，可試試這家姐妹店。Somtum Der燈光美、食物優，不論是姐妹相聚或在Grindr上現撈泰弟搞浪漫，若有機會在Silom區覓食，不妨來試試道地伊善菜美味！

同志制服不一樣

台灣男同志族群偏好的無袖背心加短褲的打扮，在泰國同志圈其實不是那麼流行，甚至成為當地同志用來辨識台灣同志的指標。當然一般觀光客也大多這樣穿，差別就在於背心是否鬆脫泛黃或是尺寸過大。已經習慣熱帶氣候的曼谷同志族群其實不太穿背心跟短褲，除非是去海邊城市，他們日常穿著反而喜好極貼身的牛仔褲，搭襯衫或T恤。穿背心露出健壯的手臂固然吸引目光，但多數泰國同志朋友從小教育認為這樣有失禮貌，尤其是去寺廟或公共場合時。

泰國男生都黑黑的？

這是錯誤的刻板印象，甚至有些台灣的同志朋友，還認為泰國人都是黑黑的、感覺髒髒的，而不喜歡泰國男孩。泰國是有不少人膚色較黑，但是泰國白淨的男生也很多。來自北部或東北部的男生，膚色較白，有些面貌清秀實在不亞於青春偶像的俊美。

誤以為泰國人都髒髒不愛乾淨，更是充滿歧視的偏見。泰國人愛乾淨的程度，很多人會一天洗好幾次澡，出門一定整整齊齊或噴香水，或習慣維持良好體態。

㉒ Senso Men's Club

18
20
30
40
50
60+

 5/8 Soi Sala Daeng, Silom Rd.

 +66(0)2636-3535

 www.sensomenclub.com

 02:00pm ～ 11:00pm

 1000Baht 以上

 BTS 站：Sala Daeng（S2）
MRT 站：Silom

 Sala Daeng 站 4 號出口下來到 Silom Complex 大門口，往 MRT Silom 站方向直行約 200 公尺，在曼谷銀行前的 Soi Sala Daeng 巷口右轉，入巷後繼續前行約 300 公尺即可在左手邊見到店招。
Silom 站 2 號出口，前行約 50 公尺左側便是 Soi Sala Daeng 巷口，左轉入巷後繼續前行約 300 公尺即到。

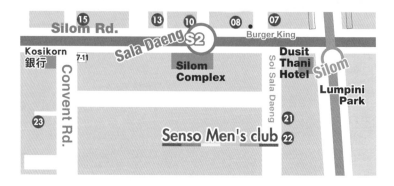

　　Senso Men's club地點非常便利，就在D.J. Station所在的Soi 2對面的Soi Sala Daeng裡，堪稱精華地段中的精華。

　　外觀有令人觀感舒服的紫色招牌字，內部陳設更是舒適與豪華。從等候大廳，到按摩的房間，座椅、床舖或衛浴設備新穎，相當有品味。

　　和其他按摩店最大不同的是，這裡不但提供按摩，店內也販賣雞尾酒。等候時來杯雞尾酒，更叫人放鬆。而房間內也擺設沙發椅，按摩前後，都可以悠閒地喝酒，享受浪漫。

　　網站列出按摩師照片及個人資料，供點閱參考。這裡也提供電話外叫服務，以兩小時為單位，費用不算便宜，包含按摩及小費，要價高達5000Baht。

㉓ Fan Club

🏠	10/31 Soi Convent, Silom Rd.
📞	+66(0)2631-1442，+66(0)2631-1443
🌐	www.fanclub.asia
🕐	週一～週日，01:00pm ～ 11:00pm
💲	600Baht/1h ～ 800Baht/2h
🚆	BTS 站：Sala Daeng（S2）
🚶	搭 BTS 至 Sala Daeng 站下車，沿 2 號出口下樓後直走到 Convent Rd.（路口右邊是 Kasikorn 銀行、左邊是 7-11）左轉。進入後約 100 公尺右邊有個短巷進去即可見到很明顯亮眼的 Fan Club。

　　Convent Rd.非常熱鬧，不但路口有間不小的7-11超商，兩側有許多小吃攤，巷子裡也是餐廳林立。這條路有「Sauna Mania」三溫暖、以及「Adonis」、「Fan Club」兩家男男按摩店隱身其間。

　　Fan Club離路不遠，2010年10月起，這家按摩店轉換經營者，重新裝潢，整個店現代感十足。從外觀就可以看到新穎門面，非常吸引人；走進店內，更是被它摩登的裝潢吸引，眼睛為之一亮。在曼谷市區像Silom Rd.這麼熱鬧的地段，砸重金裝修如此雅致舒適的男男按摩店，實屬不易。因為這個區段是gay觀光客

集中的地方，知名老店林立，許多金字招牌吸引川流不息的人潮光顧，但是空間總是讓人覺得「歷史感」太強。

Fan Club的男師不算特別多，從現場實戰考察和網頁檢視，大約就是10位上下，不過個個看起來年輕、乾淨、清爽，一如整個店給人的俐落。這家店採用現場挑選方式，讓你眼見為憑。在你凝視之後，從眼前男孩中親自挑選最喜愛的按摩男孩。

要說Fan Club最值得大書特書的特色，應該就是按摩房間的寬敞舒適了。一般的男男按摩店，不但房間狹小，通常只會有一個榻榻米大小的床位，辦起事來略顯侷促。可是在Fan Club，走進房間時非常令人驚奇，竟有相當兩個榻榻米的寬大床位。按摩時，可以把手腳舒服地以大字形張開，整個人有完全放鬆的痛快。在這裡按摩，解衣、入浴、躺平，用最輕鬆無拘束的心境，迎接點選的男師為你解放身心。店齡相對較新，可以親切地感受到按摩男孩的服務熱忱！

24 Sauna Mania

 35/2 Soi Phiphat 2, Convent Rd.

 +66(0)2636-8129

 www.siamout.com/mania/

 週日～週四 03:00pm ～ 02:00am。
週五、週六及假日前一天 03:00pm ～ 06:00am。

 週一、週二（不含假日及假日前）：120Baht
周三～週日：180Baht。另有特價時段。

 BTS 站：1.Sala Daeng（S2）或 2.Chong Nonsi（S3）

 1. 搭 BTS 至 Sala Daeng 站下車，沿 2 號出口下樓後直走到 Convent Rd.（路右邊是 Kasikorn 銀行、左邊是 7-11）左轉。直走約 400 公尺後右轉進 Soi Phiphat.2（巷口白天是小吃店），走入後約 300 多公尺，左邊即可看見彩虹旗和 Sauna Mania 的白色招牌。
2. 搭 BTS 至 Chong Nonsi 站下車，在 2 號與 4 號出口間，轉入 Soi Phiphat 2 巷子，往前行約 250 公尺，在右手邊可見招牌。

Silom Rd.是每個男同志觀光客到曼谷必逛區域，別說是很容易辨認的歐洲、美國菜了，去Babylon三溫暖，吃到中國菜、港式點心或台菜的機率也是超高，難道，當地泰國人都不到Silom來玩耍的嗎？

不不，此話差矣。就在小吃攤最多的Convent Rd.裡，Sauna Mania就像是專門開給泰國型男玩樂的祕密花園，每天從下班時間到深夜，都有大批令人眼睛一亮的泰國漢子在這進出。地點明

明不難找、離捷運站也不遠，但在裡頭要見到白人的身影，還真有那麼一點不簡單。

櫃枱位在二樓，付過入場費後拿了毛巾和套套，可逕行走到同一樓的置物櫃換裝。途中你會經過設備齊全的健身房，透過玻璃窗，看半裸的壯男在此推舉、拉筋，已先讓人心情大好。換裝後切勿流連，請直接上四樓淋浴間，把一身煙塵沖洗乾淨、享受過蒸氣和烤箱的炙熱（和藏躲其中的鹹豬手）後，再下三樓找尋目標。

Sauna Mania的迷宮和房間區，牆面都刷成灰色系，雖沒有黑色的神祕和隱身功能，卻不致因伸手不見五指，使初訪的你冷不防在某個轉角猛跌一跤，當場顏面盡掃落地。另一項福音是，潤滑劑就在小房間裡、任你隨意壓取，從此再不必因為苦苦擠著那小氣巴拉的小袋袋而擔心中途「熄火」了。

也許正因為這樣的便利，Sauna Mania裡因為一〇而發出的撞擊、吼叫、呻吟，音量也比別家來得大，許多從門裡傳出的聲響，簡直是扯著喉嚨在嘶吼，如果你正好也在隔壁「忙碌」，它也是最佳的催情劑，聽在耳裡、興奮指數自然急速攀升。

很多人喜歡Sauna Mania的原因，是它四樓那座露天花園，以及五樓的空中庭園。大戰過後到這裡躺下來吹吹晚風，遠眺Silom路上的熱鬧燈火，只要休息片刻、深呼吸個幾口，又能提槍上陣繼續玩！

裸體之夜：週四、週日。
內褲之夜：週一、週六。

㉕ Adonis Massage

 44/11 Convent Rd.

 +66(0)2236-7789，+66(0)83-997-6661

 www.thaiadonismassage.com

 週一～週四 02:00pm ～ 11:00pm
週五～週日 02:00pm ～ 11:30pm

 600Baht/1H 以上，明訂小費至少 1000Baht。

 BTS 站：Sala Daeng（S2）
MRT 站：Silom

BTS Sala Daeng 4號出口走到 Convent Rd. 左轉（路口右邊是 Kasikorn 銀行、左邊是 7-11），再直走約 400 公尺，左邊看到 BNH 醫院，對面住宅區短巷右轉進去，左邊即是。

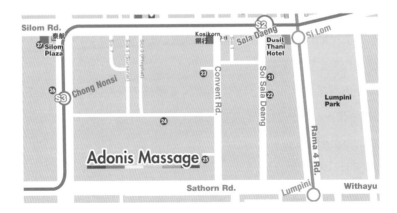

　　Adonis Massage為該地區以「全套服務」為號召的代表店家之一。位置在Silom Rd.和Sathorn Rd.間，離Sathorn Rd.非常近。雖然在市中心，卻是鬧中取靜，位於住宅區巷內，有著庭院別墅的風格，以英國風格裝飾類似Sukhumvit高級man spa的風格，但價格略便宜一點。按摩的種類，有精油、牛奶、乳霜以及去角質等等，此外也兼有設有café，讓一同前往又無意按摩的朋友有地方可以休息。

　　在網站上可以看到清楚的套裝與價格說明，公定的小費，暗示了按摩師會「儘可能」讓顧客滿意。同時也提供電話外叫的服務，因為不使用到他們的場地，所以按摩的價錢較低，但小費和「夜間加成」則較高。

㉖ Om Yim Lodge

 72,74 Naratiwat Rd.

 +66(0)2635-0169

 www.omyimgroup.com

 12:00pm ～ 00:00am

 每晚價格 900（無窗戶）、1050、1150、1450Baht 四種（含早餐，接受刷卡）。住七晚另有折扣價。

 BTS 站：Chong Nonsi（S3）

 搭 BTS 至 Chong Nonsi 站下車，沿 3 號出口下樓即到。

　　曼谷的gay旅館不算少，知名度最高的自然是集三溫暖和住宿於一身的Babylon，或是Rama IV Rd.上的BBB INN，以及距離Babylon三溫暖不遠、早已被亞洲各國gay同胞佔領的Pinnacle、Malaysia、Ibis Sathorn等飯店。不過，這幾家飯店有些小缺點，地點離Silom Rd.要再搭計程車（距離約五分鐘車程），有些設備也略顯老舊，期待「享受」旅館品質的人可能不適合。

　　而Om Yim Lodge這家位在BTS Sala Daeng下一站Chong Nonsi旁邊的旅館，不但房價宜人、交通便利，還光明正大打著gay名號，不住進去體驗看看怎麼可以？

　　「Om Yim」字面的意思是「微笑」。在這裡，你確實能得到不少親切友好的微笑。就拿「沒電梯」這件事來說吧，在別家旅館，這可能是致命缺點，但在Om Yim，工作人員會無怨無悔地幫你手提行李，連筆者那重達30公斤重的超大皮箱，因為換

房而須上下樓層搬動，長得頗可愛的男服務員仍保持微笑、奮力完成任務，讓缺點也成為令人印象深刻的優點。

　　老闆Aek出身網頁設計師，2005年先開了Om Yim泰菜餐廳，之後開了這家僅有17個房間的小巧旅舍，熱情擁抱來自世界各地的同志朋友（其實也有不少房客是女性和一般男性哩）。深木色基調的房間雖不豪華卻氣氛良好，基本設備也很齊全，同志朋友最在意的無線網路不但速度快、穩定度也高，住進來之後要多交幾個泰國朋友也不成問題。雖然Chong Nonsi是Sala Daeng的下一站，但走路也不過只需15分鐘，如果你和我一樣，會擔心夜間看來很安靜的這一帶，要到哪裡找吃的？別擔心，對面大樓旁的巷子裡，藏了一個精采的小市集，如果逛不夠，還有一家應有盡有的超市讓你吃不完兜著走。

　　Om Yim Lodge依房間大小和有窗與否，而有四種房價。最貴的房間不過1450Baht，卻可以使用一整座廚房、微波爐和大冰箱。附送的早餐有三種套餐可選，廚房現做；最貼心的是，下午四點前都可以點，完全配合許多人的夜生活作息！唯一要注意的是，房間數不多，想訂房務必請早！

註：本旅館後方有片墓園，雖然並不特別有陰森氣氛，但自認體質不適、顧慮較多的讀者請自行斟酌的是否入住。

㉗ Arena Massage

 2F, Silom Plaza, Silom Rd.

 +66(0)2635-3645

 arenaspa.wordpress.com

 01:00pm ～ 00:00am

 450Baht/1h ～ 650Baht/1.5h

 BTS 站：Chong Nonsi（S3）

 Chong Nonsi 站 3 號出口下樓後，往 Silom Rd. 方向步行約 200 多公尺，至大馬路口左轉 Silom Rd.，即可看見左邊的 Silom Plaza 商場。搭電梯至二樓，出電梯右轉就是。（也可以從 Silom Rd. 前端最熱鬧的 D.J. Station 方向走過來，約 600 多公尺）

Arena Massage雖在Silom Rd.，但離D.J. Station所在的Silom Rd.前段則有段距離。（走路也不會太遠，大約10～15分鐘）

本店位於Silom Plaza商場二樓，先穿過有許多餐廳的中庭，搭內側電梯上去。這時坐在店門口的boy，會從二樓往下對你招手歡迎。不要被這些熱情舉動嚇到而覺得害羞，如果落荒而逃，是無法「入虎穴得虎子」！勇敢上樓，不會讓你後悔的！

陳設不算新穎，甚至有點老舊，不過它仍在競爭激烈、為數眾多的男男按摩店中屹立不搖多年。靠的無非是許多人夢寐以求的肌肉男「天菜」。在此，可以挑選肌肉男孩，讓他們的雙手在你的身體穿梭，眼睛也能享受甜美滋味。當然，就像許多男男按摩店一樣，很難指望他們擁有把你按到爽歪歪的好手藝；真正讓你回味的，是征戰沙場駕馭你情慾指數高張的出入絕技。

設備與空間絕對比不上新開店家，不過，要比男師數量，則遠勝於一些新開店。只要不是太晚或剛開門太早去（下午兩三點以後，是較理想的光顧時間），可挑選的對象都有20位上下。光看琳瑯滿目的年輕男體，有形有款地在你眼前微笑展現姣好身材，就讓你臉紅心跳又血脈賁張，這些直接又刺激的畫面通常會讓你不知道如何下手選擇哩！

順道吃美食

28 Chuffee Berry'

  18 20 30 40

 166/2-3 Silom Rd., Suriwong

+66(0)2-635-8857

ChuffeeBerry

週一至週日，08:00am ～ 01:00am

依點用餐食而定

BTS 站：Chong Nonsi（S3）

Chong Nonsi 站 3 號出口下樓後，往 Silom Rd. 方向步行約 200 多公尺，經泰國航空服務中心所在 Silom Rd. 路口後，過馬路左轉沿 Silom Rd. 再往 Pullman G Hotel 方向前行約 100 公尺，接近 Silom Soi 12 巷口即見招牌。

　　想認識曼谷的熊族們卻不知該到哪兒尋找熊跡？去sauna又覺得「泰過肉慾」且交不到真正的在地朋友？位在Silom Soi 12巷口，Chuffee Berry'以友善的氣氛及令人垂涎的泰式美味，為Silom區走跳的同志朋友們提供全新選擇。

　　剛見客不久的Chuffee Berry'由小熊叔叔Noom掌店。Noom在7年前也曾開過以服務同志客群為主的餐廳，但後來因為無法兼顧自身其它事業之故而選擇暫時退出。這次捲土重來，將新店結合了卡拉ok、餐廳、lounge等多元形式，開幕後短短幾個月時間便成了曼谷熊圈的社交重地。

　　由於老闆本身就是曼谷熊圈裡交友廣闊的知名人物，剛開始來店裡捧場的人客們當然也就以各款熊熊為主，久而久之，這兒便成了熊族小聚的必來之地啦！Chuffee Berry'走輕鬆溫暖路線，店裡到處都有絨毛熊玩偶點綴。就算客人不用餐只點杯飲料也可毫無壓力地融入現場氛圍。

　　Chuffee Berry'的卡拉ok也是賣點之一。不少Chuffee Berry'的熟客還會在下班後特地到店裡來份小食、唱個歌，再驅車回家。喜歡唱歌的讀者若來Chuffee Bery'記得收起羞赧、以歌會友一下

。自信就是築起友誼橋樑的最佳利器，只消一首歌的光景，保證台下探尋、欣羨的目光瞬間爆棚。目前每週三到週六都會有選秀歌手駐唱表演。每逢特殊節日，老闆也會策劃特別活動或辦趴與舊雨新知們同歡。

餐食種類選擇不算多樣，但道道經典、盤盤美食，就連老闆自己也很難選出店內的最美味前三強。若讀者來Chuffee Berry'真心想用餐而不是純粹獵熊，推薦點用招牌Pad Thai（泰式炒河粉）。店裡的Pad Thai是採蛋包做法，軟嫩鮮黃的美麗蛋皮覆在透著鹹香的彈牙河粉上，再佐以花生糖粉及乾辣椒點綴，一口咬下，道地泰味直達心坎。

雖然泰國熊熊的能見度目前看來相對較低，但對於曼谷熊圈的未來，老闆可是很有信心在不久之後，暹羅熊族也有機會像日本、台灣那樣蓬勃發展。想認識曼谷優質熊族朋友的讀者們，下次回曼谷娘家可別只曉得往Heaven或Silom Soi 2跑，記得留點時間來Chuffee Berry'享用道地泰菜，也讓南國熊熊們用真摯笑容來溫暖你的心。

chapter 2

Surawong

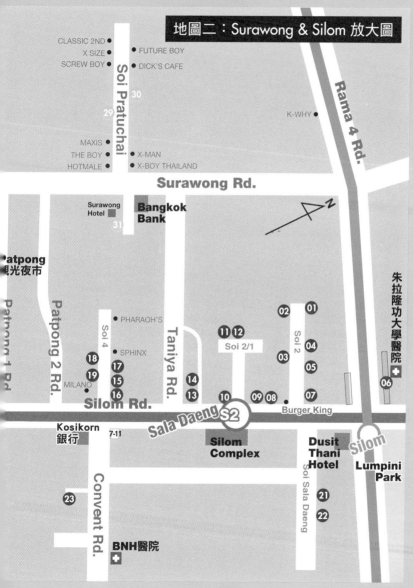

地圖二：Surawong & Silom 放大圖

CLASSIC 2ND ●
X SIZE ●　● FUTURE BOY
SCREW BOY ●　● DICK'S CAFE

Soi Pratuchai

30

29

K-WHY ●

MAXIS ●
THE BOY ●　● X-MAN
HOTMALE ●　● X-BOY THAILAND

Surawong Rd.

Surawong Hotel
31

Bangkok Bank

Rama 4 Rd.

朱拉隆功大學醫院

Patpong 觀光夜市

Patpong 2 Rd.

Patpong 1 Rd.

● PHARAOH'S

Soi 4

● SPHINX

18
19
MILANO ●
17
15
16

Taniya Rd.

11 **12**
Soi 2/1

02 **01**

Soi 2

04
03
05

14
13

10
09 **08**
07

06

Silom Rd.

Sala Daeng **S2**

Burger King

Kosikorn 銀行
7-11

Silom Complex

Dusit Thani Hotel

Silom

Lumpini Park

23

Convent Rd.

Soi Sala Daeng

21
22

BNH 醫院

㉙ Dream Boy

18
20
30
40
50
60+

 Boy Plaza–38/6 Duang Thawee Plaza,38 Surawong Rd.

 +66(0)2233-2121

---

dreamboy.thaiboy.net

 10:30pm 〜 01:00am

 380Baht（附一杯飲料），12am 過後 330Baht

 BTS 站：Sala Daeng（S2）

 Sala Daeng 站 1 號出口，即可看到日本街 Thaniya Rd.。沿 Thaniya Rd. 直走到底就是 Surawong Rd.，左轉約 30 公尺，隔 Surawong Rd. 對面便是招牌林立、熱鬧的男孩區（Boys Town）。Dream Boy 位在男孩區左側二樓。

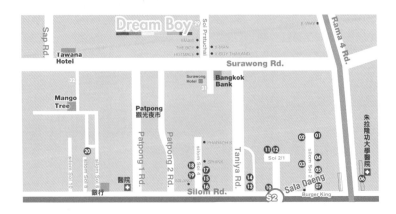

Dream Boy在男孩區中,可說是最受歡迎的男孩秀,其歷久不衰的原因,和男孩的素質及秀的內容有關。其一樓為同屬於BBBGroup（Bangkok's Best Boys Group）的New The Boy Bar。

初次進到Boys Town的觀光客,通常會被路上拉客保鏢的熱情嚇到。一般來說,保鏢的高大陽剛容易造成錯覺,讓遊客誤以為該店家的男孩均為此一類型。同時他們都提供「試看」的服務,邀請你入內觀賞再決定是否留下。但為避免進進出出尷尬,建議你鎖定目標,頭也不回地往前走。

Dream Boy位於二樓,但是卻少見其安排拉客的保鏢,這也可以看到Dream Boy 的知名度。Dream Boy的秀安排為較傳統的男孩秀,螢光、塗油的身體蠕動,是最常見到的。不過,在其他部分,Dream Boy 試圖要滿足各種不同的客層,因此從歌舞、人妖搞笑和猛男秀等,應有盡有。表演生冷不忌,很多時候打扮妖豔的女裝男孩也不惜露出男性的下體,只為了搏君一笑。要說明的是,大約有一半的男孩是異性戀者,因此,如遇有女性客人,

他們通常會特別起勁。但是，基於專業的素養，通常他們也不忘對男性客人擠眉弄眼。

運氣好的觀光客也可以看到抽插秀，或者打槍秀，但業者往往必須要看警察執法情形，來決定是否安排此類演出。因此外面拉客保鏢宣稱的fucking show，往往不見得保證可以看到。建議直接詢問店內的幹部。

Dream Boy的秀開始於22:30和00:00左右，在樓上看完秀可以拿著飲料到樓下繼續觀賞，樓下的秀就比較簡單只有男孩跳舞或人妖秀，如果想看重鹹口味的秀還是10點半請早來就座。網頁上提供了男孩的照片。對男孩有興趣的，也可以在男孩catwalk時，記下他的號碼，多付一杯飲料的價錢，便可與男孩聊天。如要出場，則可詢問出場價錢及可以做到怎樣的服務。

㉚ Bonny Massage

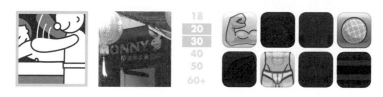

🏠 894/7-8 Soi Pratuchai, Rama 4 Rd.

📞 +66(0)2637-0704

💻 www.bonnymassage.com

🕐 12:00pm ～ 02:00am

💲 300Baht 以上

🚇 BTS 站：Sala Daeng（S2）

🚶 BTS Sala Daeng 站 1 號出口出站，即可看到 Thaniya Rd.。沿 Thaniya Rd. 直走到底就是 Surawong 路，左轉約 30 公尺，在 Surawong Rd. 對面便是男孩區。Bonny Massage 位在男孩區右側。

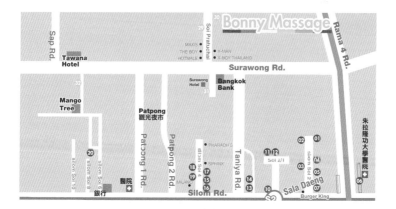

Bonny Massage

在提供情色按摩（erotic massage）的店家中，Bonny Massage可說是個實惠的選擇。位在 Surawong Rd.男孩區的入口處，穿著白t-shirt的按摩師聚集在樓梯口，有興趣的客人會被帶往二樓櫃枱處，點選喜歡的服務和按摩師。

因為屬於平價按摩，因此按摩房與浴室分開。僅著內褲的按摩師帶領顧客進入浴室，並且幫顧客洗澡。在搓揉身體之間，開始培養高昂的興致。按摩師多為年輕可愛但不娘的男性。按摩技巧融合了按摩與挑逗，讓顧客不至於覺得特別服務只是針對小費而來。

網站上提供按摩師圖片，供客人事先瀏覽，按照號碼預約。如果想碰運氣，建議晚上08:00後再去，才能看到齊全的團隊。如要外叫，也可透過電話預約。

Open 12.00pm - 1.00am

㉛ Jupiter 2002

18
20
30
40
50
60+

 33/1-33 Thaniya Soi 2, Surawong Rd.

 +66(0)2237-4050 081-617-2163

 www.jupiter2002.com

 09:00pm ～ 01:00am（主要表演開始：10:30pm）

 330Baht，含一杯飲料

 BTS 站：Sala Daeng（S2）
MRT 站：Silom

 BTS Sala Daeng 站 1 號出口下來，沿著旁邊的 Thaniya Rd. 走到 Surawong Rd. 左轉，過 Bangkok Bank 左轉旁邊小巷子，進去約 10 公尺即可看到 Jupiter。

101

Jupiter一度被認為是最有質感的男孩秀。

Jupiter的秀不以真槍實彈的fucking秀為主，而以舞蹈和逗趣的演出取勝。男孩們的臉蛋和身材均在水準之上。對面男孩區的男孩秀有一種「粉味」和「油味」，這裡的男孩則較注重陽剛味與酷味。除了外表之外，這些男孩通常也都具有相當不錯的舞蹈底子，因此Jupiter的表演在「藝術性」上也較高。Jupiter在舞台上設有淋浴間，提供泡沫秀，也有活動鋼管，舞者甚至可以從舞台一躍到二樓，可見其表演專業素養。

Jupiter在2002年重新出發之初，曾是最受歡迎的男孩秀。但近幾年，節目一成不變，而且男孩們也漸漸少了親切態度，表演顯得較為制式。但是對於首次造訪男孩秀的遊客，仍是一個大開眼界的好選擇。

每晚有兩場秀，時間分別為10:30pm和00:30am。對男孩有興趣者，可以在展示時記下編號，告訴穿梭招呼的服務人員，多買杯飲料請點的男孩，即可與他在場內聊天。如要帶出場，則可再問工作人員價錢。

㉜ Tawan Go-Go Show

 2/1-2 Soi Tarntawan

 +66(0)2634-5833

 www.TawanBarBangkok.com

 22:30，00:00 各有一場表演

 平日 300Baht，假日 350Baht（含一杯飲料）

 BTS 站：Sala Daeng（S2）
MRT 站：Silom

 Sala Daeng 站 1 號出口下樓後沿 Thaniya Rd. 直走至 Suriwong Rd. 左轉，約 300 多公尺（過 Patpong 夜市）後，左邊即可找到 Soi Than Tawan（在 Tawana 飯店對面），轉入巷內右邊，可見醒目的太陽標誌。

有人用「猩猩秀」來形容Tawan，雖然有那麼一點刻薄，但也真夠傳神。在男色行業一級戰區的Silom，Tawan便是靠著「肌肉男Go-Go Show」的獨門絕活屹立多年，滿足來自世界各地熱愛大塊男肌的觀眾。

和其他家Go-Go Bar相比，Tawan顯然並不以人數取勝。表演開始前，boy們照例在舞臺上一字排開，果然如宣傳所號稱，個個都是歷經一番苦練、肌群高高隆起的壯男。雖然陣容並不龐大，但論噸位、論視覺強烈度，都令人印象深刻。

演出走的是「陽剛」路線，身穿皮革、軍人、警察等裝束的舞者，配合音樂扮演主人或奴隸，大玩「肉腸吸吮秀」，甚至有鞭打、滴蠟等輕度SM橋段。不過，節目銜接與流暢度都不足，時時出現冷場情況，讓台下成排想親眼目睹大塊猛男奮力撞擊、操幹的觀眾，頗有不夠盡興之感。（據說想看真槍實彈的fucking show要碰運氣，筆者造訪當天就沒這「福利」。）

表演結束前最後一幕，全體boy排成一列打手槍，觀眾只要掏出小費，猛男便立刻「噴發」做為回饋。聽起來很刺激嗎？其

實不然。由於觀眾的慾火並未成功地被前面的表演所挑起，自然掏起錢來也不甘不願，只見壯男們巴巴地站在台上邊搓屌邊搜尋「買家」，問津者雖然少，壯男卻不能不顧的射精衝動，終於不支「繳械」後，全體又呈原來隊形走回後台。此情此景，實在無法讓我不聯想到牧場上的乳牛，牽出來擠完奶後又牽回家，乖乖等待下次被擠的時間到來！

特別提醒，在Tawan上廁所，記得帶一些零錢。在此為你遞毛巾、擦手的小弟纏功一流，定會「盧」到你掏出小費才罷休。而且，到手後還會捏你一把、掐你一下，這種付錢還被吃豆腐的經驗，可不是到處都能體驗到的喔！

老鳥帶路BOX

按摩男現場挑比看照片好！

標榜男男按摩的店家，對旗下按摩男有實力把握的，通常都是採取現場挑選的方式，所有上班的按摩男任君挑選。有些是固定就在玻璃窗內或坐或立，有些則是客人來才在媽媽桑一聲令下集合，一字排開，請你挑選。

這種方式不但可以觀察按摩男孩的身材，看一陣子也可以從舉止和他們彼此的互動，看出男孩各自不同的氣質與個性。有些大方開朗笑臉迎人，有些高傲不群、不露半點笑容，也有人冷峻鎖眉隱隱透露憂鬱氣質，或是活潑搞笑走歡樂路線。這個方式可以讓你像閱兵一樣，用你的觀察力掃過每一個男孩身上，一一探取其中的奧祕。

但是有些店家，只能透過相簿選人。根據實戰經驗，這方式失誤率極高，見到本人時，和看照片時想像的氣質，落差極大。甚至你會懷疑眼前這位，真的是剛剛照片裡的那個人嗎？實在有違「誠實標示商品內容」的誠信原則。更常見的是，相簿裡雖然洋洋灑灑，但是最帥、最好看，你最想點的那位，永遠都是「今天沒上班」！幾次下來，不免讓人懷疑，只提供相簿的店家，是不是掛羊頭賣狗肉！

同志區外

地圖三之二

Hua Lanmphong Main Station

Charong Krung Rd.

中國城

Hua Lanmphong

1號出口

Charong Krung Rd.

Mahapruttharam Rd.

Sirat Expy

Mahesak Rd.

SiPhraya Rd.

34

N

(3) SiPhraya Pier

地圖三之一

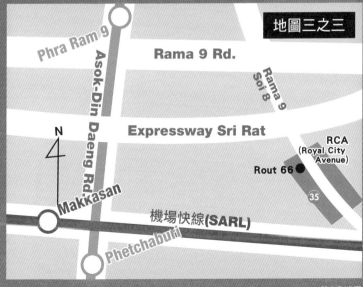

地圖三之三

第3章適用

㉝ Heaven Sauna

🏠	119 Soi Mahesak–BIS Building, Floor 4
📞	+66(0)2-266-9092
🎈	www.heavensauna.com
🕐	週一至週四 02:00pm ～ 00:00am 週五至週日 01:30pm ～ 00:00am
💲	入場費 150Baht
🚈	BTS 站：Surasak（S5）
🚶	Surasak 站一號出口下樓梯，往回走至 Surasak Rd. 右轉，一路直行約 10 分鐘，越過 Silom Rd. 後直行 Mahesak Rd. 約 70 公尺，右方就看得到 BIS Building 停車場入口招牌，進大樓乘電梯至 4 樓即可。

　　Heaven Sauna是曼谷老字號的同志三溫暖之一。隱身在Silom Rd.底的住商混合大樓中，就像老朋友般總是在燈火闌珊處為熟齡及熊族朋友們點著溫暖火光。

　　地點不算偏僻，搭BTS空鐵坐到Surasak站後步行前往，15分鐘腳程即可抵達。從Silom Rd.側進轉進Mahesak Rd.，右手邊就看得見大樓停車看板，順著人行道旁階梯進到大樓中庭便是電梯。電梯無管制，讀者們自然不造作地電梯上樓到第4階即可。櫃枱繳費進場後，請記得到置物櫃區旁的圓桌吧台領取大小毛巾。

　　客群以當地熊族和長青朋友為主。熊族從20出頭歲的小泰迪

熊到50歲以上的大黑熊不分老少皆有；熟齡朋友則係以肉壯的叔伯居多。近幾年來開始有不少大陸、日本及星馬的熊族朋友來此共襄盛舉，但仍鮮少見到非亞裔客人在場內同樂。

　　週間時段建議下午5點左右再進場，許多在附近五星級飯店及公司行號服務的爹地熊叔們都會在下班後先來這裡鬆一下，再回家敷衍黃臉婆。週六日午後的Heaven Sauna則是如假包換的熊熊天堂。宛如阿妹演唱會的爆棚景象不算什麼，排隊等待入場的客人多到得在外頭候位的盛況，就真的是Heaven獨家。筆者進場後小算了置物櫃數量，才驚覺高達120多個的置物櫃是真的沒有在客氣地箱箱都滿，場內絕對多於100具的多汁肉體則是Heaven Sauna的人氣保證。

　　曼谷三溫暖幾乎必備的露天空間，在Heaven Sauna也是熱鬧非凡。不下雨的熱季晚間，總是可以看到熊族朋友們悠閒的在空中花園哈菸聊天。場內真正可供客人開心的空間其實不算太大，

同志區外

33 Heaven Sauna

扣除淋「慾」間、戶外天台外，僅有一小區被規劃成可供人客聊腥事的小房間。另外，根據筆者密友賞精獵人Ms.J親身經驗，因為有些小房間的門或牆上是有「開窗」的，若讀者們在「忙進忙出」時不想讓其它人看免錢，記得拿條小毛巾掛在窗上遮羞唷！

雖然Heaven Sauna在數年前已陸陸續續進行了幾次小拉皮回春，但其內部的陳設及結構仍像羅姐素顏般地逃不過無情的歲月蹂躪。Heaven Sauna硬體的華麗程度絕對不及其他新開店，但整體清潔的表現仍在水準之上。不論是打掃小弟勤奮的身影，或是毛巾的替換程度，都讓各項硬體使用起來毫無後顧之憂。想一嚐泰國當地暹羅裔熊熊滋味的朋友們，Heaven Sauna的超旺人氣絕對你是來曼谷尋歡的首選之一。

手機交友快狠準

在曼谷使用Grindr或Jack'd等手機APP的原則就是「快狠準」！泰國男孩雖然看似保守，但在網路上卻相當直接，而且大家沒時間多聊幾句，現約有地不囉嗦，就像辛辣的泰國菜一樣，可沒多餘時間慢慢煲湯培養感情。許多money boy也用這些約炮軟體找客人，有些人會明講自己的身分而議價，有些人則是放長線釣大魚，當你以為認識了一位迷人的當地男孩，送機時還淚眼婆婆的餞別，上演離情依依的十八相送，回台灣後你巴不得再來曼谷與他相會，也開始想盡辦法讓對方來台灣......那麼恭喜你很可能也成為火山孝子的一員囉！

依照某些朋友的經驗，跟泰國人交往，玩玩就好，不用太真心，他們心底永遠只會把你當外國人。當然，也有些故事情節是例外的啦，你是不是幸運的那一個，就看你的智慧！

㉞ Bangkok 10

 650-652 Sipraya Rd., Mahapruttharam

 +66(0)929-096-466

 www.bangkok10.com bangkok10

 週一至週五 04:00pm ～ 02:00am
週六至週日 02:00pm ～ 02:00am

 入場費 150Baht

 MRT 站：Hua Lamphong

 由 MRT Hua Lamphong 站 1 號出口上來，左轉 Mahapruttharam Rd.。沿著此路前行約莫 10 分鐘，抵達 Si Phraya Rd. 後再左轉，即可在前方看到藍色店招。

　　Bangkok 10三溫暖是新加坡天谷桑拿在泰國的第一家分店。有感於在大曼谷區內專屬熊族們的娛樂場所仍有成長空間，來自新加坡的老闆和泰籍友人便決定合資為暹羅熊熊們提供一個新的選擇。店家的位置為在華蘭蓬火車站附近的華人聚集區。從MRT Hua Lamphong站慢慢晃過來只消十多分鐘腳程時間。

　　Bangkok 10主要客群是曼谷當地的白領熊族。這些熊熊們的年齡層大都分布在30～45歲間。偶爾才會有比較稚齡的底迪及熟男大叔們串場。由於老闆之一為新加坡人之故，店內也會有華裔旅客現身。一般來說，在Bangkok 10舉行特別活動時，會比平日來得熱鬧。週間晚上6點過後及假日下午則是人氣最旺的尖峰時段。

　　總共三層樓的室內區域及小巧精緻的頂樓花園是構成Bangkok 10的玩樂主元素。一般來說，三溫暖裡的盥洗區其實可以算是整幢建物的核心所在。除了是事前和事後必備的淨身步驟外，洗澡空間也算是三溫暖中情慾冒險的前哨站，讓客人能在

洗香香的同時就先預校在場的砲兵表現。Bangkok 10在這部分
的規劃匠心獨具,位在一樓的主盟洗場地除了有傳統的淋浴設備
外,也有類似日本24會館的坐浴規劃及兩個相連的大浴池,多
樣的選擇保證讓來客洗得舒適又開心。

　　二樓是迷宮、小房間區,不算太複雜的空間配置讓客人穿梭
其間不至暈頭轉向。適度的照明也讓大家可以「看了再上」,避
免因囫圇吞棗而導致玩得不盡興。三樓是個寬敞的交誼廳,泰國
同志最愛的卡拉ok當然不會缺席,而想要來杯冰涼啤酒緩緩慾火
的客人也可在吧台區點用各式飲品。交誼廳後方則是個備有巨型
投影屏幕的視聽空間,三不五時會有G片及一般電影的播放。

　　各式主題夜是Bangkok 10三溫暖的特色之一。位在頂樓的空
中花園是Naked in the Garden夜的主場地。頂著旺盛慾火的男體
在滿佈綠色植栽的花園中穿梭,蒸騰的熱氣和著來客們身上鹹香
的汗水味,交織出一幅曼谷國獨有的情色夜地圖。Bangkok 10
的最新促銷訊息及特別活動時程都會定期在官方臉書專頁上更新
,建議有興趣的讀者們可先上網查詢後再前往消費。

㉟ Castro RCA

18
20
30
40
50
60+

 Soi Soonvijai, Rama 9 Rd.

 +66(0)81-836-5445

 Castro.Rca

 10:00pm ～ 05:00am

 250Baht

 MRT 站：Phetchaburi、Phra Ram 9

 從 Phetchaburi 站或 Phra Ram 9 站出來後，轉搭計程車，告訴司機要往 RCA（約 1.5 公里左右距離）。進入 RCA 後，大約在中段區域即可找到招牌顯著的 Castro。

　　RCA是個新興區域，因為是特別規劃的新興夜店區，本區pub每家佔地都很大。整個RCA是個狹長區塊，不下10多家大型pub，從裝潢、空間設計到風格都獨樹一格，氣派萬千。像是人氣高的非同志夜店Route66、Flix，時尚感十足，空間遼闊。

　　Castro位於RCA這一區中段位置，計程車如果從北邊進入，會靠左進入一個很長的地下通道，上來後往右後迴轉，Castro五彩炫麗的招牌很容易就可以看到。Castro固定會有歌手演出，是一家可以喝酒、聊天、聽音樂的豪華pub，店內寬敞舒適，裝潢也非常時尚華麗。

　　耳聞RCA區夜店的時尚盛名，特別前往朝聖，但當天非週末假日，店內客人很少，沒能見識到其最熱鬧盛況。後來得知，RCA區不像Silom區都充滿觀光客，夜店生態是周末或是有特別表演時，才會吸引大批人潮前來。想一窺Castro gay聲鼎沸的時候得越晚來才行，凌晨一點與三點有男模走秀的演出，客人們通常都是12點之後才會聚集，凌晨四點則會有洗澡秀。

吃的路邊攤

曼谷的路邊攤，老實講，你真不該錯過！許多美味小吃都在路邊攤。不論是Silom Rd.上、D.J. Station打烊後依然燈火通明的米粉湯、豬腳飯，或是夜市小吃的種種泰味風食，都有叫人味蕾驚喜、回味無窮的好東西。

調味料配菜自行取用

路邊攤桌上，永遠都會有少則四五種、多則七八款的調味料。從辣椒粉、紅辣椒水、黃辣椒水、綠辣椒水、魚露、砂糖、醬油，到九層塔、高麗菜、四季豆、酸菜、豆芽、苦瓜，全都是任你添加的佐料或配菜。初來乍到的朋友，會看得眼花撩亂。

腸胃差少飲冰水

泰國人不論在路邊攤或餐廳用餐，點菜完店家都會詢問要什麼飲料，或是由店家提供免費的冰水。搭配冷飲，儼然是泰國人用餐必備。如果你的腸胃適應力較差，建議少喝路邊攤提供的免費冰水。有些餐廳或攤子，點「水」的話，指的是要另外付錢的瓶裝礦泉水，如果怕誤會，最好先問清楚。

4

Sathorn

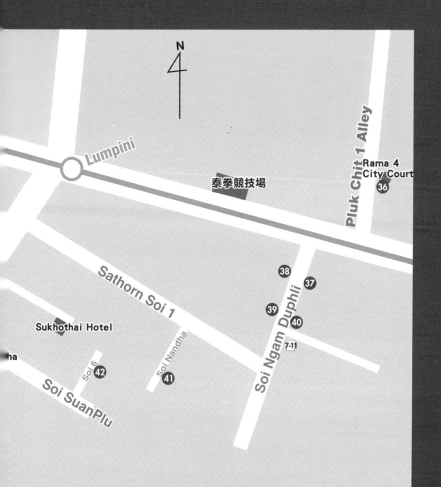

N

Lumpini

Pluk Chit 1 Alley

Rama 4
City Court
36

泰拳競技場

Sathorn Soi 1

38

37

Soi Ngam Duphii

39

40

Sukhothai Hotel

Soi Nandha

7-11

ha

Soi 6 42

41

Soi SuanPlu

地圖四：Sathorn

第4章適用

㊱ Sawasdee Men Spa

18
20
30
40
50
60+

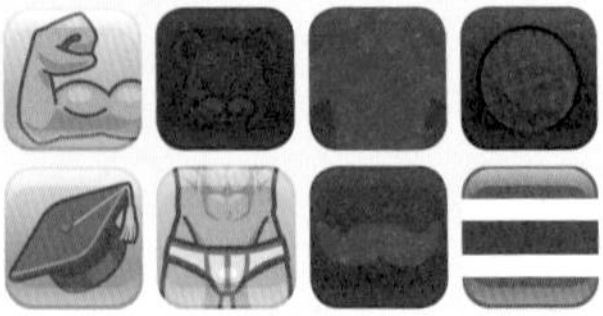

18/452 Rama 4 City Court, Lumphini

+66(0)2-252-3208，+66(0)851-145-500

www.sawasdeemenspa.com

01:00PM ～ 11:00PM

500 ～ 1200Baht，給師傅的基本小費 600Baht

MRT 站：Lumpini

Lumpini 站 3 號出口，往左沿著 Rama 4 Rd. 前進，沿途行經 Lumpini 泰拳競技場，再左轉進 Pluk Chit Soi 1，直行約莫 300 公尺就可在右手邊看見 Rama 4 City Court 大樓，右轉進去便會看見紫色店招。

　　坐落在住宅區的Sawasdee Spa以全新的時尚裝潢在2013年重新回歸曼谷競爭激烈的男男按摩市場。遠離Silom、Sukhumvit等老店林立的一級戰區，低調地藏身在鄰近Lumpini泰拳競技場旁的住宅區內，服務著內行的同志朋友們。

　　Sawasdee Spa最大賣點就是陽剛度滿點的年輕異男按摩師陣容。不像有些店家的師傅明明臉上Loreal塗了五層卻還打著直男名號意圖賺取高額小費，Sawasdee Spa的按摩師團隊中有高達八成的比例是如假包換、直到普天同慶的異性戀男子。筆者本來

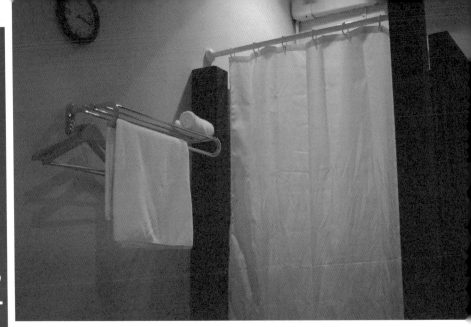

以為直男按摩師只是一種行銷手法，但在幾次消費之後，從他們的用字遣詞到行為舉止來判斷，發現這些師傅還真的都是性喜女體的天生異男。

店裡的師傅們幾乎都不到30歲，身材方面則清一色皆為精實的運動員體格。但由於師傅為異男之故，在特殊服務方面就不會像同志按摩師們來得那麼熱情主動。不過由於店家有規定給師傅的最低小費限制，所以顧客們仍是可以期待一定程度的「愉悅體驗」。若客人有更進一步的需求，就得自己和按摩師協調了。師傅的挑選方式係以瀏覽照片的方式進行，無形中也就降低了傳統男男按摩店裡滿溢的情慾張力。

Sawasdee Spa開幕僅有兩年時間，力求重塑品牌形象的年輕老闆卻已不惜成本進行改裝。全新升級的硬體，內裝以穩重的暖木色調為主，搭配典雅的泰式風情，讓人彷彿有來到五星飯

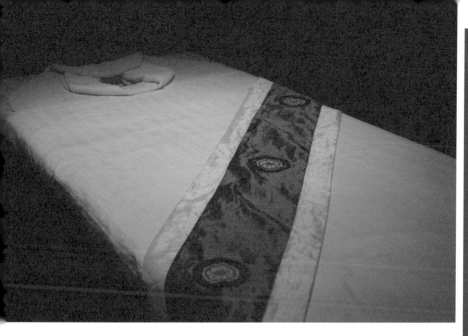

店做Spa的尊貴感受。為提供高品質的按摩體驗，年輕老闆把店內空間僅隔出了6間療程房及1間坪數較大的VIP房，每個療程房都設有獨立的衛浴設備。

Sawasdee Spa對清潔衛生的重視，在曼谷業界中絕對首屈一指，媲美商務旅館水準的清潔流程，讓每間療程房總是如初次使用般地清新怡人；毛巾等備品也都乾淨如新，讓顧客們使用起來無後顧之憂。受夠了傳統男男按摩店裡差強人意衛生條件的讀者們，絕對可以在Sawasdee Spa重拾信心。

店家所在的住宅區，就是一個熱鬧的當地市集。從經典的泰式東北烤雞小販到各式華泰食物等，都以親切的價格在攤頭上誘惑著每道駐足的目光。讀者享受完異男按摩師的服務後，不妨留點時間在市集走逛，用道地的美味小吃們來滿足飢餓的味蕾。

(37) Pinnacle Hotel Lumpini

18
20
30
40
50
60+

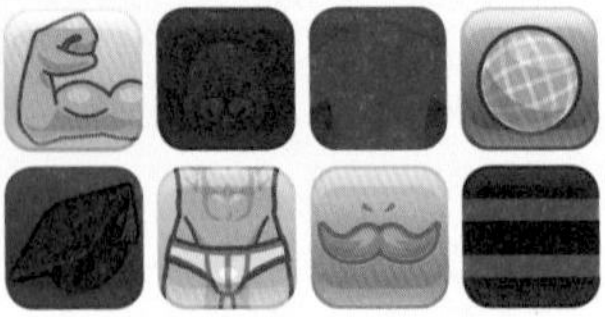

54 Soi 17 SoiNgam Duphli, Rama 4 Rd., Sathorn

+66(0)2287-0111 ～ 21 **Fax:**+66(0)2287-3420

www.pinnaclehotels.com　lumpinee@pinnaclehotels.com

06:00pm ～ 4:00am，星期日公休

1250Baht 以上

MRT 站：Lumpini

Lumpini 站之第 1 出口出站，往前直走約 150 公尺至 Soi Ngam Duphli 右轉後約 15 公尺，即可在左側看到。

Pinnacle Hotel Lumpini因為交通方便，而且價位不高，因此受到許多亞洲地區的遊客，尤其是新加坡男同志的喜愛。

Pinnacle的位置便利，除了鄰近Babylon三溫暖和Malaysia Hotel之外，離Silom地區也只需搭乘MRT一站，搭計程車則只需要45Baht內，在旅遊旺季，常常一房難求。

說到Pinnacle的訂房，不得不提到一個奇人Jimmy。他長期居住在1312房，透過他，可以拿到較優惠的價格，但是必需要付現。找他聯絡需要透過e-mail: jimmyfirst@hotmail.com或者電話+66(0)81-859-6585（早上11點之後）。在近年來，屢屢聽說寄e-mail給他卻沒有回應的情形，因此建議在寫信給他之後，打電話確認一下，比較保險。

特別要注意的是，Pinnacle的價格較低，因此對於房間人數的管控也較為嚴格。如果訂的是單人房，帶人回房過夜通常是要額外收取費用的。

順道美食 38 Vincent's Restaurant & 7 Room

20
30
40
50

 Soi Ngam Duphli, Rama 4 Rd., Sathorn

 +66(0)2286-3348 +66(0)89-181-6767 **Fax:**+66(0)2286-3609

 www.vincentsbangkok.com vincent@vincentsbangkok.com

 11:00am ～ 09:00pm，星期日公休

$ 約 130 ～ 250Baht。住宿 1200 ～ 1500Baht

 MRT 站：Lumpini

Lumpini 站 1 號出口，往前直走約 150 公尺至 Soi Ngam Duphli 右轉後約 10 公尺，即可在右側看到。

　　這是一家小巧精緻的餐廳兼民宿，聽名字「Vincent's Restaurant & 7 Room」就覺得有趣。沒錯，旅館的老闆就是來自台灣的Vincent，房間只有精緻的7間。Vincent過去經常往來泰國做生意，也常住泰國，最後決定自己開起餐廳和民宿。

　　這家店位於Pinnacle Hotel Lumpini的正對面，住在此區的同志朋友常經過，店裡因而常見到同志朋友的光顧，堪稱是同志友善商店。

　　在這裡用餐最舒服的地方就是輕鬆自在！整個店雖然不大，但對經營非常認真的Vincent，依然開發了許多泰式或西式的美味料理，並且找來泰國廚師掌廚。在這裡你可以品嚐到在地的泰式風味，也可以選擇洋風料理。熱天的午後，坐在餐廳後方的露天雅座，來一瓶啤酒或泰式奶茶，對於住在鄰近的人來說，是非常便利且享受的事！

㊙ Malaysia Hotel

	54 Soi Ngam Duplee, Rama 4 Rd.
	+66(0)26797127 ～ 36 **Fax:**+66(0)2287-1457
	www.malaysiahotelbkk.com
	24H
	800Baht 以上 / 每房
	MRT 站：Lumpini
	Lumpini 站 1 號出口，往前直走 150 公尺到 Soi Ngam Duphli 右轉直走約 200 公尺，即可見到右邊有一個大院子的 Malaysia Hotel。

Malaysia Hotel可說是廉價旅館中的同志最愛。

Malaysia Hotel鄰近Pinnacle Hotel和Babylon Sauna & Spa。距離熱門的同志區Silom Rd.搭乘計程車約45Baht即可到達。建議別搭乘摩托車，因為往往要花60Baht甚至更多。沿著South Sathorn Soi 1也可以走到Soi Sala Daeng，路程大約花費20分鐘左右。

一到飯店，馬上映入眼簾的是圍坐在停車場附近的年輕男孩們，這些money boy也充分說明了Malaysia Hotel在同志圈的知名度和重要性。

Malaysia Hotel的設施其實相當老舊，但價格便宜，因此吸引

許多歐美中老年的遊客長期居住。對於重視飯店設施的亞洲客人而言，Malaysia Hotel絕對不吸引人。但是，如果你想要夜夜笙歌，每天帶人回家且不用跟室友報備協調，這裡的確是個很不錯的選擇。

飯店一樓是一家24小時營業的餐廳，半夜兩、三點跳完舞回來，可以享用餐點或飲料實在非常方便。坐在餐廳裡，時時可見同志伴侶或是老外帶著money boy用餐的場景，十分有趣。而以平價旅館而言，Malaysia Hotel擁有戶外泳池的設施，也是一項吸引人入住的特色。

飯店本身深知同志朋友選擇此處的理由，也提供各種貼心的服務。例如，對於帶人回房的追加房錢，通常是睜一隻眼閉一隻眼。櫃枱會要求訪客換取證件，在訪客單獨離開時，櫃枱也會打電話到房裡，向房客確認是否一切安全，同意讓訪客離開。這些舉措都可以看出 Malaysia Hotel長期為同志圈「服務」所得到的經驗。

Malaysia Hotel是少數不透過訂房網站訂房的旅館，旅客可以在網站上面看到最新的價錢，並且透過e-mail或者傳真直接跟飯店訂房。要注意的是，幾年前偶爾會聽說飯店搞錯訂房日期，而導致必須安排房客到別間飯店投宿的情形，因此最好在出發前再次確認。

⑩ Ibis Sathorn Hotel

 Soi Ngam Duphli Rama 4 Sathorn Rd.

 +66(0)2659-2888　**Fax:**+66(0)2659-2889

 www.ibis.com/Bangkok-Hotels

 24H

 約 1300Baht/ 每房

 MRT 站：Lumpini

 Lumpini 站 1 號出口，往前直走 150 公尺到 Soi Ngam Duphli 右轉直走約 200 公尺，即可在左邊見到明顯招牌。

40 Ibis Sathorn Hotel

　　Ibis Sathorn Hotel位於老牌同志友善旅店Malaysia Hotel的正對面，和知名三溫暖Babylon同一區（步行10分鐘）。雖然沒標榜同志旅館，但區位的關係，讓許多同志選擇這裡。

　　Ibis Hotel是國際連鎖旅館，泰國有7家，其中3家位於曼谷。入住時，務必記得是Ibis「Sathorn」Hotel，以免弄錯。設備新穎，簡潔設計稱不上豪華，但價位和齊全設備、熱忱服務水準相比，非常划算。部分訂房系統的房價不含早餐，但一樓自助式吃到飽早餐很豐盛，明亮裝潢吸引客人願意花200多Baht享用。

　　Ibis Sathorn Hotel白天也提供固定班次的接駁車，載送房客至最近的MRT捷運的Lumpini車站，省去大熱天要步行到捷運站的辛苦。當然，這個區域因為很熱鬧，旅館外的計程車幾乎24小時都很容易搭乘。

④ Babylon Sauna

 34 Soi Nandha, South Sathorn Rd. Soi 1.

 +66(0)2679-7984

 www.babylonbangkok.com

 10:30 ～ 22:30

 260Baht

 MRT 站：Lumpini

 Lumpini 站 2 號出口出站，沿 South Sathorn Rd. 走，不到 100 公尺，見到第一條巷子即 Soi 1，左轉直走約 300 公尺，右邊巷口看到 Babylon 招牌時右轉，向前走約 300 公尺即可在左側見到氣派門院。（從 Silom Rd. 搭乘計程車前往，不超過 50Baht）

Babylon見證了曼谷躍升為國際同志城市的發展。雖然近幾年來，遭遇許多同業勁敵，觀光客對其毀譽參半，但其仍然維持著王者風範，吸引世界各地的遊客來朝聖。去過世界上其他國家同志場所後，你會讚嘆：Babylon是全世界最豪華的男同志三溫暖！

Babylon隱身於South Sathorn Road的使館區，所提供的不只是一個讓男同志發洩性慾的場所，它也將「性產業」提升到一個美感層次。許多三溫暖隱身陰暗小巷弄，Babylon則位於曼谷精華地段，使館與豪宅圍繞，自然氣勢不同。

建築最有趣的地方在於，整體規劃和設計，不只豪華氣派，也透過變化複雜的空間動線，營造三溫暖場域尋尋覓覓、繞了又繞的空間樂趣。即使去過很多次，依然可能在不留神中短暫「迷路」。

　　由前門進入，在櫃枱付入場費、領取鑰匙。在場內額外消費時，出示鑰匙號碼以便出場時結算（如果有其他消費）。沿樓梯上樓可以看到置物櫃。前面的通道，一邊通到迷宮暗房，一邊則通往陽台。在陽台邊有咖啡店，僅白天營業，你可以邊喝咖啡品嚐甜點，透過玻璃窗往下看盡露天泳池的「景色」。

　　順著陽台迴旋梯下去有個餐廳，不穿衣服自在地享用美食，餐點價錢合理，一邊用餐還可以一邊與其他桌的客人眉來眼去。透過餐廳落地窗能看到露天游泳池蔚藍池水以及池邊男體。餐廳料理和許多泰國餐廳一樣，都有一定水準。

　　泳池旁邊白色躺椅可調整高度，讓你可以舒服地休息，享受日光。池畔有吧檯，另一側則是玻璃屋健身房，器材相當充實，還有健身教練穿著性感短褲，在旁協助推舉。

　　轉身回到室內，通過廁所即可到達中庭。中庭也有個吧枱。

這個中庭也是舉辦泡沫派對（foam party）的主要場地。舉辦泡沫派對時，工作人員會將中庭旁圍起，在上空擺放出泡泡的大水管，泡泡從天而降，很是壯觀。中庭另外一邊是淋浴間、蒸汽室。順著樓梯爬到二樓，則是暗房區，不時地可以看到大膽的老外打開房門，讓大家觀賞他們的一舉一動。

Babylon來客多半以歐美白人，以及喜歡白人的東方人為主，特別是迷戀sugar daddy的朋友。Babylon擅長安排活動，在特別的時段，也會有大量年輕亞洲帥哥出沒，有興趣的朋友在計畫行程時，上相關網站查詢Babylon的festival，事先規劃。

此外，Babylon還附設精品旅館Babylon Bed and Breakfast，房間數不多，但房價合理。住宿一晚附贈三溫暖票一張。

老鳥帶路BOX

男男按摩都有情慾交流？

泰國的按摩店非常多，像技術最高超的臥佛寺按摩學校，讓顧客享受高超按摩手藝的師傅，大都是大叔或大嬸，按摩的地方也是大通舖，這種時候當然就是專心享受按摩，也不會發生什麼事！

其他非標榜男男（不特別提供指定師傅，或非以帥哥猛男為號召）的按摩店，即使也有男師傅為男客人按摩，但會不會有特別的事發生，就看個人造化了。有些店，明明其他人去都是專心按摩，但也有人偏偏會遇到熱情的男師傅，總是極盡所想要挑起一點火花。這類的店家，頂多就是在客人同意下打打手槍為你消消火，然後收個500Baht的小費。因此，不用對這類的店有太多幻想。

⓸ The Prince Spa

| 18 |
| 20 |
| 30 |
| 40 |
| 50 |
| 60+ |

 253/4 Suanplu Soi 6, Sathorn Rd.

 +66(0)2679-3355

 www.theprincebkk.com

 01:00pm ~ 11:00pm

 800 ~ 7000Baht，師傅基本小費每小時 1000Baht

 MRT 站：Lumpini

 Lumpini 站 2 號出口，沿著 Sathorn Rd. 前行，沿途行經 Q House、澳大利亞大使館、Sukhothai Hotel 等，到達 Sathorn Soi 3 (即 Soi Suanplu) 左轉直行，到達 Suanplu Soi 6(巷口有間全家便利店)，左轉入巷，一路前行便會在右手邊看到店家入口。路途不短，建議在 MRT 出口招計程車前往。

打著曼谷最優男子按摩名號的The Prince Spa於2012年3月開幕，位在鬧中取靜的Sathorn Rd.小巷弄中，The Prince Spa以頂級的硬體設施和全城獨家的夢幻男師群為人客們提供曼谷少見的另類高檔選擇。

座落在距離Sathorn Rd.的Soi 3巷口不遠處的The Price Spa開幕剛滿2週年，短短時間內能在曼谷男男按摩界搶下一席之地，當然就得歸功於他們所提供的國際化男師團隊啦！不論是從南美巴西遠道而來的拉丁種馬、或是在濃眉之間藏有神祕風情的伊朗硬漢，精挑細選的堅強陣容馬上就在當地同志和遊客間掀起一陣旋風。除了有過鹹水的西餐外，來自東南亞各國如緬甸、寮國和越南的體健男師們也讓偏好南洋料理的客人們有除了泰菜外的多樣選擇。棋盤腹肌、巨大胸器和性感人魚線都是師傅們的基本配備，而類似經典老店Hero的魚缸設計及挑高的大廳空間，則讓客人在沒

有壓力的環境下，觀察玻璃帷幕後精壯男師們的一舉一動。

固定的師傅班底約莫30位左右，從20出頭的小狼狗到30多歲的輕熟男一應俱全。經理Bua擁有國外工作數年的經驗，能用流利英文解答客人們對於男師們的各式疑問。不論客人想知道的是師傅尺寸、角色或是給不給親嘴等，通通大膽問Bua就對啦！

斥資百萬打造的舒適環境綴有潺潺流水及鮮綠植栽，提供了宛若東方文華Spa中心的典雅氛圍。不像一般老舊男男按摩店多用薄木板隔出的侷促按摩房，The Prince Spa為追求Hi-So（泰文「上流社會」之意）生活風格的客人提供多達5種的房型選擇。最奢華的按摩浴缸套房甚至不輸星級旅館，不但有讓客人先放鬆看DVD的空間、備有king size大床的臥房，更有一個寬敞到能讓客人和按摩師玩「大哥哥咱們來抓泥鰍」的巨型按摩「慾」缸。

至於療程部分，走精緻路線的The Prince Spa，不像其它店家使用「天知道」化工行的雜牌油品，選用的是自日本進口的Zeus Oil，不黏不膩及絕不阻塞毛孔的優良品質，讓客人們再也不用忍受療程結束後洗澡洗到地老天荒還全身黏答答的不適感。

The Prince Spa規定給男師小費每小時1000Baht，療程的費用則視內容從800Baht到7000Baht不等。一個半小時的精油按摩總計要價2500Baht，雖然比起其它男男按摩店，這樣的收費確實偏高，但The Prince Spa不怕高貴的價格會嚇跑顧客，反而很有信心自家的男師品質和整體環境絕對會讓客人覺得物超所值。想要來場像王子般備受尊寵的按摩療程嗎？下回來曼谷時不妨赴The Prince Spa享受一下「身腥零」全面解放的Hi-So服務吧！

Secret Garden
Thai Restaurant

117/1 South Sathorn Rd.

+66(0)2286-2464

無

11:30am ～ 9:00pm

約 250 ～ 500Baht

BTS 站：Chong Nonsi（S3）

Chong Nonsi 站 2 號出口，不要下樓繼續走空中走廊，往前直走約 100 公尺至 Sathorn Rd. 十字路口在左前方下樓，左轉沿著 Sathorn Rd. 走約 200 公尺，即可在右側看到有一大庭園。

　　老樹成蔭，氣派洋房，牆上漆著年輕的蘋果綠，炎熱午後，這裡讓人心情大好。緊鄰Sathorn大道的氣派大宅，可以想像主人應該也是豪富之家。在此用餐頗有豪宅赴宴的虛榮！服務生會把當天供應的豐富甜點全放在大托盤上，端到你面前讓你直接挑選，琳瑯滿目、每個都叫人垂涎，真不知如何取捨。

　　甜點不算便宜，同行三位吃下來，四個甜點加三杯飲料，每人花了300B，在曼谷的消費算中價位。即使如此，平日下午還是滿屋子愛甜點的時尚年輕人，就知道誘惑有多麼大了！當然，品嚐了細緻、變化萬千的甜點後，得到的味蕾滿足和過癮心情，並沒有因為花費而有任何遺憾，還是要大力向讀者推薦！

5

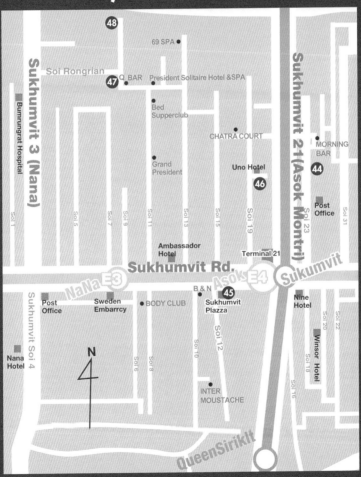

chapter

Nana/Asok

- 44 Urban Male Massage
- 45 UniMan Spa
- 46 Guy Spa
- 47 Banana Club
- 48 Hero Men's Club

48

69 SPA ●

Soi Rongrian

Sukhumvit 3 (Nana)

Bumrungrat Hospital

47 Q BAR   President Solitaire Hotel &SPA

Bed
Supperclub

CHATRA COURT ●

Sukhumvit 21(Asok Montri)

MORNING
BAR

Grand
President ●

Uno Hotel

44

46

Post
Office

Soi 1   Soi 5   Soi 7   Soi 9   Soi 11   Soi 13   Soi 15   Soi 19   Soi 23   Soi 31

Ambassador
Hotel

Terminal 21

Sukhumvit Rd.

NaNa E3   AsokE4   Sukumvit

Sukhumvit Soi 4

Post
Office

Sweden
Embarrcy

● BODY CLUB

B & N ●

45 Sukhumvit
Plazza

Nine
Hotel

Soi 6   Soi 8   Soi 10   Soi 12   Soi 18   Soi 20   Soi 22

Winsor Hotel

Nana
Hotel

N

INTER
MOUSTACHE ●

QueenSirikit

④④ Urban Male Massage

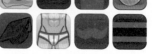

 24/6 Sukhumvit 23

 +66(0)2258-2430 080-229-7969

 www.urbanmalemassage.com

 01:00pm ～ 11:00pm

 650Baht/1H ～ 1200Baht/1.5H

 BTS 站：Asok（E4）
MRT 站：Sukhumvit

 Asok 站 3 號出口過馬路，沿著 Sukhumvit Rd. 東行，立即看到左邊第一條巷子就是 Soi 23，左轉後直走約 300 公尺，右邊即可看到 Urban Male Massage。
Sukhumvit 站 2 號出口，可從左邊大樓入口穿過至 Soi23，左轉後直走約 300 公尺，在右邊即可看到 Urban Male Massage。

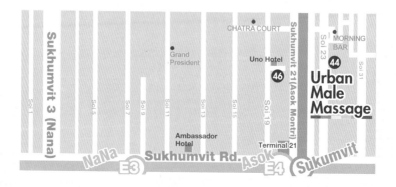

開幕4年多，位在BTS和MRT交會站附近，交通便利。隱身的巷子算是熱鬧商業區，店外觀不特別明顯，要留意招牌才不會錯過。有時候按摩男孩會坐在店門口抽煙，也是辨認方式。

店內窗明几淨，裝潢及設備新穎很有現代感，按摩的小房間也很舒服。連一字排開10多位任你挑選的按摩男孩，也有一股

清新的感覺。曼谷的男男按摩店，老店有其屹立不墜的本事，通常也會因為客人多而難免流氣，像Urban Male Massage這樣相對較新的店，則可以感受到按摩男孩的服務熱情。

　　根據筆者多次經驗，這裡的按摩技術，算是男男按摩店少見的水準，服務品質更是沒話說。為了建立口碑，老闆建立了一套客人評鑑制度，客人事後會拿到意見調查表，針對手藝、服務，勾選打分數。網站上還會把這些評分公布，所有師傅的滿意度排行完全公開，這是維持服務水準很有效的方法。筆者曾點某位按摩男孩不在，準備離開下次再來，店經理沒有因為該次未消費而有一點不慍，依然非常客氣地招呼，這樣的服務態度讓我留下非常深刻的印象。

老鳥帶路BOX

紅衫軍、黃衫軍

自從2006年總理塔信被黃衫軍推翻之後，支持塔信的紅衫軍也多次聚集反制，接下來的幾年，一次又一次雙方勢力對陣，政局幾經更替。許多觀光客從國際媒體報導中看到這些消息，難免對於前往泰國觀光有所顧慮。

其實，除了少數兩三次群眾集會是靠近商業區且有嚴重衝突，對觀光客來說，只要避開群眾集會的地點，像是皇家田廣場（鄰近大皇宮）或總理府附近，大部分觀光區域是不受影響的。當然，如果你已經知道有紅衫軍或是黃衫軍的群眾集會時，千萬記得，要避免穿著紅色或黃色的衣服出門，以免讓自己陷入不必要的紛爭！耳聞有群眾聚集抗爭時，最好向當地朋友打聽現況，或是閱讀泰國當地的中文報紙《泰國世界日報》、《星暹日報》，掌握最新時事狀況。

⑮ UniMan Spa

 4/F Sukhumvit Plaza, Shukhumvit Soi 12

 +66(0)2251-9714，+66(0)8-6161-9572，+66(0)8-3898-2579

 www.unimanspa.com

 週一 週日 12:00pm ～ 11:00pm

 490 ～ 1400Baht 不等。給師傅的小費由 800Baht 起跳。

 BTS 站：Asok（E4）

 Asok 站 2 號出口，往 Nana 方向前進約 5 ～ 7 分鐘便會抵達 Sukhumvit Plaza。進 Plaza 後直走到底搭乘電梯至 4 樓即可。

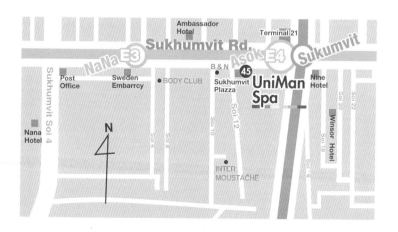

老覺得一般按摩店的男孩都泰過精緻嗎？想來點生猛鮮香的東北肌塊犒賞自己嗎？Arena Massage股東投資的姐妹店UniMan Spa絕對不會讓你失望。UniMan Spa位在Sukhumvit 12巷的韓國城(Sukhumvit Plaza)深處，從BTS空鐵 Nana站或Asoke站步行到店只要10分鐘腳程。和Arena Massage一樣，UniMan藏在高樓層的角落中，客人抵達韓國城後，直行到底便會瞧見電梯，上行至4樓，右手邊即是UniMan Spa所在。

一反大部分按摩店多以臉蛋白淨的年輕按摩師為宣傳主力，UniMan Spa以粗糙熟齡的按摩師群在競爭激烈的曼谷男男按摩店界中硬是挺立不搖。雖然師傅們的平均年齡層高了一點，但他們相對地在技巧、敬業度方面也就有更具「深度」的表現。如同店裡媽媽桑所戲稱，UniMan的師傅是Arena的重裝進階版。雖然和Arena一樣是以黝黑man樣的男師為號召，但UniMan師傅們略帶滄桑的法令紋搭配上熟男們彷彿看進「0」魂深處的攝魄電眼，想當然爾便成了喜歡體健參地顧客們的獨家首選。

　　不要以為熟男們的身材一定就比不上多汁小泰郎，UniMan
的師傅們深知自己在年齡上的弱勢，對於體格上的自我要求反而
更加來得嚴謹。店裡的師傅大多來自泰國東北或南部地區，個性
上原則都算質樸，客人有什麼樣的需求，儘管和師傅溝通並確認
所需小費即可。挑選師傅的方式是請各位男師一字排開供來客校
閱。平均都有逼近20位左右的熟齡男體，陣仗總是讓接待區現
場的睪固酮指數瞬間潰堤。附帶一提，店內年紀較長的男師們多
已有子嗣，若客人覺得師傅的服務不錯，不妨多給點小費，當做
師傅們小孩的就學基金也算是功德一件。

　　UniMan Spa開業已有15年之久，歲月的腳步不留情地在斑
駁壁紙及浴簾水漬上留下足跡。縱然硬體設備比不上新開店來得
絢麗，但略帶古調的懷舊氛圍反而給顧客一種如老友相聚的親切
感。男師們間的自然互動和媽媽桑不強迫推銷的隨性態度，讓就
算是第一次上門的客人也不會有太大壓力。店家也提供按摩師快
遞的貼心服務，若蓋高尚嫌棄UniMan不夠雅緻，預約男師到下
榻飯店恩恩啊啊一番也是沒有問題的。

46 Guy Spa

 28/7 Sukhumvit Soi 19, Klong Toei Nua, Wattana

 +66(0)80-690-2559，+66(0)2651-3568

www.guy-spa.com

 週一至週日 01:00pm ～ 11:00pm

 700 ～ 3000Baht。給師傅的小費 1000Baht 起跳。

BTS 站：Asok（E4）

 Asok 站 1 號出口，往 Westin 飯店方向走，右轉進 Sukhumvit Soi 19 並靠右側前行約 400 公尺，見 Uno Hotel 招牌後右轉入巷即可見到。

開業剛滿四年的Guy Spa距離BTS空鐵Asok站僅300公尺。店本身是幢不算大的民宅，入口前小花園可見到打著赤膊的師傅們聊天哈菸。有著壯碩好體格的老闆本身外型高挑出色，常會有初訪的客人指明點枱要他出閣。老闆曾在國際級五星飯店服務，招呼客人有一定程度專業。對於客人的各項疑問皆能鉅細靡遺地一一回答。

療程房裝設古樸簡約，每間都有獨立衛浴。若選擇2000Baht以上的高價套裝療程（給師傅的小費另計），還可使用僅一間的VIP房，空間較寬敞，還備有「按摩慾肛」，讓師傅用帶點浪漫氛圍的泡泡浴洗去您一身的疲憊喧囂。Guy Spa還有個獨家招牌療程：藥草蒸氣去角質。特選藥材包括檸檬葉等經典暹羅草本，

讓人客的毛細孔在三溫暖的高溫蒸薰下展開，再由男師的巧手進行全身深度去角質。

師傅年紀多在20到30歲間，有白淨底迪也有粗獷的黝黑泰郎，體型則以精實路線為主。男師數量、體格及外型搶眼度並不算特別出色，在Hero等其他店家消費時會有的「每個都想要、到底該挑誰」的羞恥感，原則上在Guy Spa比較不會出現。

師傅工作態度不錯，從療程開始的足部清洗、共浴到推拿手技，不打馬虎眼地照著規定程序進行，有禮態度更是讓許多客人一試成主顧，別家紅牌師傅拿翹的孔雀個性，不太可能在這裡的師傅遇到。

老鳥帶路 BOX

哪種男生在泰國較受歡迎？

很多沒去過泰國的人，都有一種奇怪的刻板印象，總覺得泰國人就是黑黑髒髒的。這種錯誤的偏見，只要你去過泰國，就會改觀。來自泰國東北部或是北部地區的男生，膚色特別白，長相更是斯文秀氣，這樣的男生人氣特別旺。在泰國男同志圈，膚色白的男生特別受歡迎。泰國男同志這樣的偏好，也適用於來自其他亞洲國家的男同志身上！曼谷的流行風近年來跟著韓國跑，除了風靡韓樂與韓劇，還有韓風造型，走在流行尖端的同志們當仁不讓，除了追求白皙的皮膚，有些男孩會上簡單的底妝，為了擁有王字腹肌的精壯身材，也會常跑健身房。濃密的雙眉也是重點，所以這邊很多年輕男生都會去紋眉，擁有兩條粗黑的眉毛反而會在當地圈內特別吃香。

Nana / Asok
46 Guy Spa

153

讓人客的毛細孔在三溫暖的高溫蒸薰下展開，再由男師的巧手進行全身深度去角質。

師傅年紀多在20到30歲間，有白淨底迪也有粗獷的黝黑泰郎，體型則以精實路線為主。男師數量、體格及外型搶眼度並不算特別出色，在Hero等其他店家消費時會有的「每個都想要、到底該挑誰」的羞恥感，原則上在Guy Spa比較不會出現。

師傅工作態度不錯，從療程開始的足部清洗、共浴到推拿手技，不打馬虎眼地照著規定程序進行，有禮態度更是讓許多客人一試成主顧，別家紅牌師傅拿翹的孔雀個性，不太可能在這裡的師傅遇到。

㊼ Banana Club

🏠 41/9 Sukhumvit, Soi 11

📞 +66(0)2651-0002　📱 081-902-3552

💡 無

🕐 週日～週四：01:00pm ～ 00:00am
週五～週六：03:00pm ～ 02:00am

$ 視選擇的套裝而定

🚃 BTS 站：Nana（E3）

🚶 Nana 站 3 號出口下來，即可在巷口看到 Soi 11 路牌，左轉直走約 450 公尺到底 T 字口再左轉，約 20 公尺沿巷子右轉，很快可以在左邊看到 Banana Club。

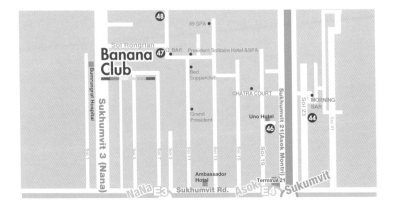

154

Banana Club位在與Hero同一條巷子裡。相對於Hero屬於Sukhumvit區的高級享受，Banana Club則較為平價實惠。老闆為新加坡人，按摩師多半也具有不錯的外語能力（英語、中文及日文等等）。這裡的按摩師幾乎都是同志，因此如果看對眼的話，能夠享受的服務就更豐富且熱情了！

Banana Club建築融合中國與峇里島風格，按摩之外，也配備了健身房，咖啡廳等等。

⑱ Hero Men's Club

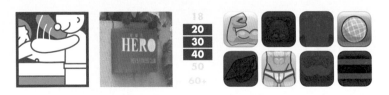

🏠	65 Sukhumvit Soi 11(Soi Chaiyod)
📞	+66(0)2251-1033
🎈	無
🕐	03:00pm ～ 09:30pm
$	視選擇套裝而定，約 700Baht 起，按摩最低小費為 1000Baht
🚆	BTS 站：Nana（E3）
🚶	Nana 站 3 號出口下來，即可看到 Soi 11 巷口路牌。左轉直走約 450 公尺到底 T 字路口再左轉，約 20 公尺沿巷子右轉，經 Banana Club 繼續直走約 250 公尺接近巷底，即可看到左邊 Hero 低調地隱身巷尾。

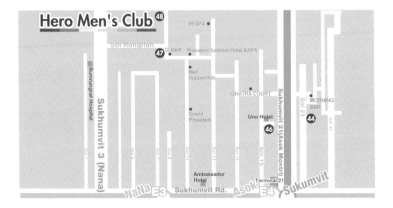

Hero位在Sukhumvit區的靜巷中，近幾年來已成為Sukhumvit區男男按摩的高級享受。這裡是最受外國人歡迎的massage之一，提供各種按摩服務；價目表也明定按摩師小費至少1000泰銖。

按摩師數目與素質均高，他們引以為傲的是，這是一家「按摩師傅均具有大學以上學歷」的俱樂部。外貌方面，以年輕健壯或陽剛猛男為主，按摩技巧也經過一番訓練。因為外貌與服務兼具，讓這家俱樂部常出現爆滿。

進入店內，在面對玻璃櫥窗的沙發區可以觀看挑選，櫥窗內的按摩師傅或坐、或站、或健身，各展魅力，還會對客人微笑放電吸引注意。看中哪位按摩師可以告訴一旁招呼的公關，想詢問哪位師傅特別服務的角色，也可以詢問。公關提醒，店內不准攝影，眾多優質男師形成的壯觀場面，難以為讀者捕捉。

（PS：2014年1月起，特別提供店內與捷運站的機車來回接送，可以電話洽詢。）

chapter 6

Siam鄰近

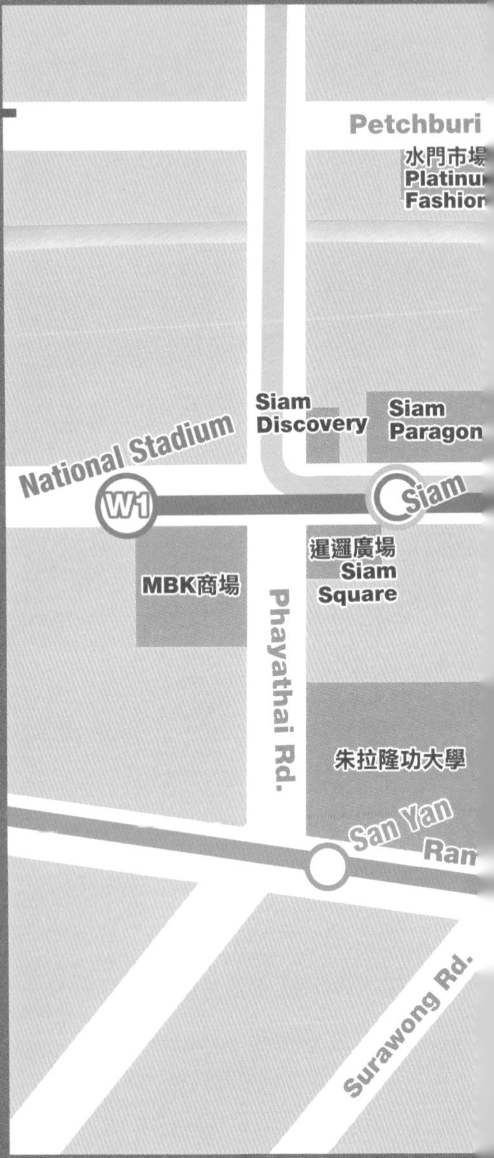

Petchburi

水門市場
Platinu
Fashion

Siam
Discovery

Siam
Paragon

National Stadium

W-1

Siam

暹邏廣場
Siam
Square

MBK商場

Phayathai Rd.

朱拉隆功大學

San Yan

Ran

Surawong Rd.

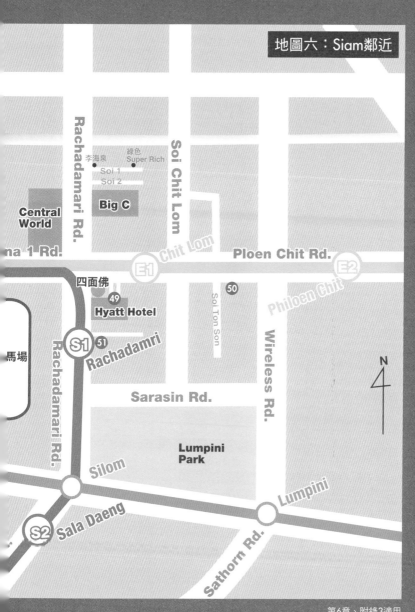

地圖六：Siam鄰近

Rachadamari Rd.

Soi Chit Lom

李海泉 ● 緑色
Super Rich
Soi 1
Soi 2

Big C

Central World

na 1 Rd.

Chit Lom

Ploen Chit Rd.

E1

E2

四面佛

49

Hyatt Hotel

Philoen Chit

50

Soi Ton Son

S1 51

Rachadamri

Wireless Rd.

馬場

Rachadamari Rd.

N

Sarasin Rd.

Lumpini Park

Silom

Lumpini

S2 Sala Daeng

Sathorn Rd.

第6章、附錄3適用

順道吃美食

49 Erawan Tea Room

 2F, 494 Rajdamri Rd.

 +66(0)2254-1234

 www.erawanbangkok.com/tearoom.php

 10:00am ～ 10:00pm

 下午茶 380Baht

 BTS 站：Chit Lom（E1）

 由 BTS Chit Lom 站 8 號出口出站，繼續走空橋，進入左邊往 Hyatt 飯店銜接通道，進入建築即可看到結合中國及泰式風味裝潢的 Erawan Tea Room 標示。

　　Hyatt Erawan位於曼谷的購物中心，鄰近於四面佛和近年來最夯的Central World Plaza和名噪一時的Gaysorn購物中心，因著地利之便與下午茶實惠的價格，吸引了許多亞洲的同志觀光客前來。

　　從捷運高空走廊轉入Hyatt建築，就可以看到Erawan Tea Room的落地大窗。

　　知名的下午茶為飯店搭配的套餐，包含泰式糕點以及西式甜食。泰式的有糯米粿、椰子糕、芒果糯米飯、綠豆沙餡糖等等，西式的則有鬆糕、餅乾、蛋捲等。因此服務生通常只詢問要喝什麼飲料。

　　整個茶屋的氣氛，散發出上個世紀初，泰華洋多種美感交錯的華麗。在週末的下午，往往處於客滿狀態。仔細一看，就會發現有許多來台灣、新加坡、馬來西亞、香港或中國的遊客，也可

以說是「預覽」了這幾天在disco或sauna行程裡會遇到的菜色。

在參訪四面佛之後，不妨來此稍做休息，再進行下一趟購物行程。在桌子與桌子之間，眼波流轉、杯盤交錯，給自己一個華麗、懷舊的下午。

按摩男孩都是gay嗎？

不管是按摩店的男孩，或是go-go boy表演的男孩，不一定都是gay，甚至有相當高的比例是非同志。不過為了做生意，他們該做的還是可以做。當然如果細心分辨的話，還是可以感受到其中的差異。

另一方面，一般泰國男生對於是gay或是異男，界線模糊。有些男生雖然有女友，或已經結婚，遇到喜歡的男生，還是會不隱藏地表露愛意，或大方接受仰慕者的追求。這就是泰國男生最有趣的地方了！

50 Pear's

 548/1-7 Ploenchit Rd.

📞 +66(0)2251-8774

🎈 無

🕐 08:00am ～ 09:00pm（週六、週日店休）

💲 約 150 ～ 250Baht

🚆 BTS 站：Philoen Chit（E2）

🚶 8 號出口出來，往西過馬路，沿著 Ploen Chit Rd. 前行約 100 公尺。左邊有小庭園的獨立建築即是。

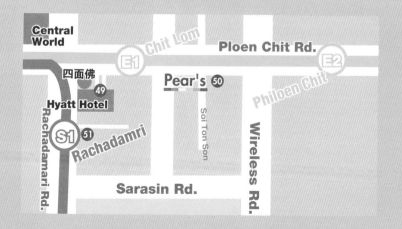

Pear's是一家糕餅老店，當我看到這棟獨立玻璃屋時，忍不住驚喜！在這寸土寸金的曼谷市中心，能夠品嚐到甜點美味的地方，若不是飯店裡昂貴的高級餐廳，就是大型購物商場裡的甜品名店。而Pear's卻以高雅脫俗之姿，矗立在車水馬龍的路邊。更夢幻的是，這棟浪漫老屋外面，還有不顧都會繁忙的涼亭雅座和老樹。你說這是不是很童話呢？這樣的空間，一看到就讓人心情愉快、輕鬆悠閒起來。

以現代都會的限制或慣有模式，美味的糕餅店，總是以燈光裝潢打造出時尚風格，用以襯托濃妝豔抹的甜點。不論空間或食物，美則美已，卻有一種高不可攀，或者說是「裝高貴」的距離感。而Pear's卻完全不同於這樣的氣息，它擁有熟悉的親切。走進店裡，少了潢堆砌讓人擔心「荷包失血」的掙扎，在這裡，琳瑯滿目的每個甜點，都用恰到好處的姿態向你招手。真正醉心甜點的你，會有走進夢幻童話糖果屋的開心。

這裡的甜點走的不是「裝高貴」的繁複妝點，但是當你入嘴品嚐時，或滑順、或綿細的口感，以及融合得剛剛好的味道，完全是老店糕點師傅深厚烘焙功力的展現。我和朋友各點了一樣甜點和飲料，在歡呼中按下快門，為這略施胭脂即魅力無比的美食留下身影。品嚐過還是不過癮，我又走向糕點櫃子，隨手拿起很傳統的水果蛋糕，吃起來依然讚不絕口。我默默地許下心願：「下次來曼谷，我一定會再造訪！」

順道美食吃 51

The St. Regis Bangkok (The Drawing Room)

30
40
50

Floor 12, 159 Rajadamri Rd.

+66(0)2207-7826

www.stregisbangkok.com　TheStRegisBangkok

週一至週日 09:00am ～ 01:00am

平日下午茶套餐（雙人份）：950Baht、1050 Baht、6400Baht
週末甜點 Buffet：單人 650Baht，雙人同行甜蜜價 1200Baht
（上述價格為稅前價，下午茶時段 每日 02:00pm ～ 06:00pm）

BTS 站：Ratchadamri

Ratchadmri 站 4 號出口處有聯通道直達 The St. Regis Bangkok 酒店，入酒店後乘電梯至 12 樓即達。

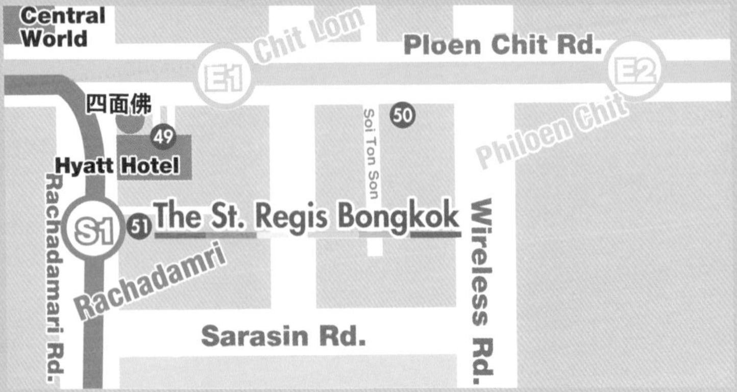

紐約發跡的The St. Regis酒店2011年落腳曼谷尊貴地段Ratchadamri，開幕短短2年已招待過各路金枝玉葉，包括比利時國王、不丹總理及女神卡卡等。

在曼谷，可以吃下午茶的飯店及店家比Soi Twilight上拉客的男孩還多，每家都有自己的特色和強項。The St. Regis則以俯瞰皇家賽馬場的絕佳視野及極致的尊寵服務為號召。位在12樓Sky Lobby旁的The Drawing Room每天都提供經典三層盤式的下午茶，共計3款組合：經典版本、The St. Regis版本、以及比護家盟還誇張的超奢華頂級皇家版本。頂級皇家版兩人份要價6400Baht（稅前），夢幻的鹹點陣仗包括了俄羅斯Beluga魚子醬、法國生蠔以及鵝肝、松露蛋等，搭配飲品則有來自法蘭西的酩悅香檳（Moët & Chandon）及黛瑪茗茶（Dammann Frères）相佐。

另外要強力推薦的則是週末限定（每週六及週日下午2點到6

點）的Sweet Afternoons甜點buffet，極盡夢幻之能事，超大長桌擺著超過30款各式精緻蛋糕、馬卡龍、派品等，而彷彿滿載孩提夢想的玻璃圓罐裡，則填滿了手作棉花糖、餅乾及小熊軟糖。這些甜到心坎裡的誘人點心在粉紅、淺藍等新鮮花飾的搭配下更顯攝人魔力。飲品共有三款：英式早餐茶、茉莉花茶及伯爵茶，皆是選用來自Palais DU Dauphine家的優質茶葉。為了不讓客人sugar rush過了頭，每人還可享用熱呼呼的鬆軟司康及鹹點數款來平衡一下被各式甜品寵出蜜來的幸福味蕾。

The St. Regis紐約旗艦店傳承百年的優雅下午茶傳統，現在不用飛到第五大道也品嚐得到。來曼谷除了有買不完的東西和做不完的按摩，記得留點時間來The St. Regis體驗超上流的貴婦下午茶，或是在週末逛完恰都恰市集後，來場夢幻致死的甜品buffet，為曼谷行綴上最繽紛的甜香回憶。

泰國男孩生性樂觀

泰國人生性開朗樂觀，總是不會刻意煩惱太多事，這是民族性使然。也因為這樣，泰國人總讓人有種天天都很快樂的感覺！對泰國男生來說，凡事都會解決的，何必太在意呢！如果有機會和泰國人交朋友，最好先瞭解這一點，可以有更輕鬆隨興的互動。

小費給多少？

泰國不像是事事要給小費的歐美國家，要給小費的地方不多。通常以紙鈔面額最小的20Baht做小費即可。每天從旅館離開時，把20Baht的紙鈔放在床頭櫃給打掃的清潔人員；一般非情色按摩，按完離開時給按摩人員20Baht；搭乘計程車時，通常會把個位數的零頭當小費，司機們也習慣不找錢。當然如果你有足夠的零錢，支付剛剛好的車資也是ok！如果是機場來回搭乘的計程車，司機有幫忙上下行李，也是給20Baht即可。

至於很多人想問的重點，應該是情色按摩的小費怎麼給？

以往，男男情色按摩的小費，是自由心證隨客人高興。如果按摩男孩讓你心曠神怡、通體舒暢，想玩的都玩到了，給個1000Baht上下的金額，都算ok。過去按摩男孩不太會計較。但這幾年，許多男男按摩店，在價目表上加註「小費最低1000Baht」，只要你點了boy，不管進房間爽度多少，走出房間就要給boy一張千元泰銖。這種風氣說起來很不好，點的時候是喜歡的沒錯，但是互動起來如果真的沒感覺、沒檔頭，想做的事做不來，付這個高額的小費真是冤大頭。

因應之道就是：

1. 進去男男按摩店時，先問清楚或看清楚，是否有「小費最低1000 Baht」的店內規定。

2. 如果有，既然去了，當然是想好好爽快一番，點boy之前，先跟店內公關或媽媽桑打探，你想點的boy可以做到哪些服務（一號或零號，泰國人習慣以King或Queen暱稱）。

7

Ari

Vich
Med
Cen

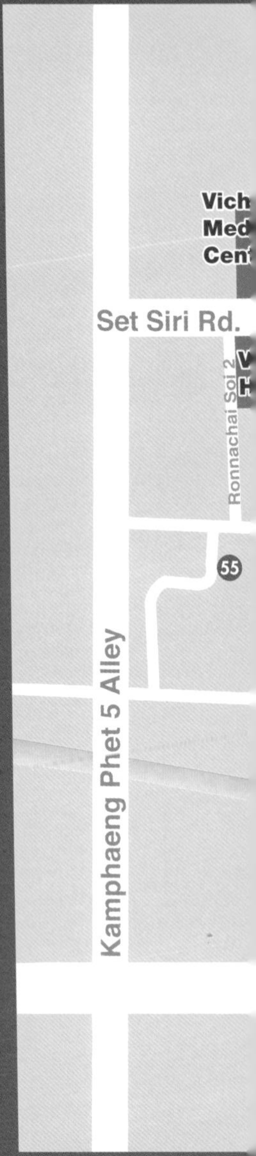

Set Siri Rd.

Ronnachai Soi 2

V
H

55

Kamphaeng Phet 5 Alley

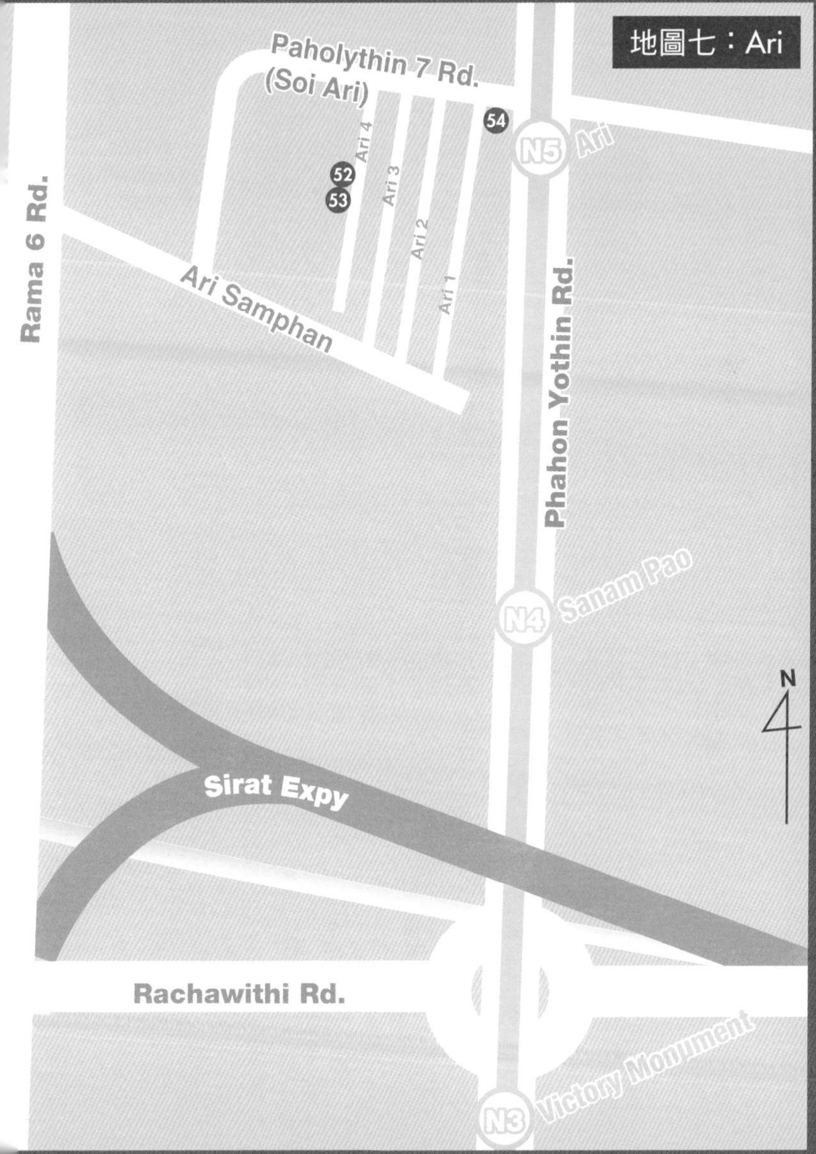

地圖七：Ari

Paholythin 7 Rd.
(Soi Ari)

Ari 4
Ari 3
Ari 2
Ari 1

54

52
53

N5 Ari

Rama 6 Rd.

Ari Samphan

Phahon Yothin Rd.

N4 Sanam Pao

N

Sirat Expy

Rachawithi Rd.

N3 Victory Monument

第7章適用

⓹2 Chakran Sauna

 32 Soi Ari Soi 4, Paholyothin 7 Rd, Phaholyothin Road, Phayatha

 +66(0)2279-1359

 www.aboutg.net/chakran  CHAKRANsauna

 平日 03:00pm ～ 00:00am
假日 03:00pm ～ 06:00am（非常態，請先電話確認）

 週一～週四：230Baht，週五～週六：250Baht

 BTS 站：Ari（N5）

 Ari 站 3 號出口下來，往前約 20 公尺即可看到陸橋，在路口左轉（只能左轉），往前直走約 100 公尺，即巷內第 4 條小巷口，可看到 Chakran 的招牌圖騰。依方向指示左轉，大約 50 公尺處，即可在右側看到 Chakran 低調而高雅的建築。

　　Chakran廣為亞洲男同志所知，尤其是其標榜著「亞洲人」為主的市場，讓許多對Babylon裡sugar daddy敬謝不敏的朋友，有了完美的去處。

　　這裡的裝潢融合了峇里島和摩洛哥式的海洋風格，在橙色和灰色之間構築出慵懶的情調。內部設有健身房、階梯式庭園、吧台、三溫暖、蒸氣室等等。最特別的是天井下的游泳池，蔚藍的天色透進池面，讓人不由得想跳入水中加入裸泳的陣容。環繞泳池周邊的露天座椅，是綜覽戶外景色的好位置。

　　樓上的暗房也是一大特色，模仿地中海地區，依山丘起伏建造屋舍的地景。暗房前有上下迂迴的樓梯，在黑暗燈光下，引發與獵物追逐的樂趣。不過，在看對眼之後，不妨把獵物吸引到旁側較為光亮的房間，否則，追逐的遊戲可能會無限拉長。

　　Chakran在local sauna界知名度高，每到星期六日下午，從街上到三溫暖內，都可以看到相當多亞洲同志的蹤影。如果只

對泰國人有興趣，可以選擇在平日的傍晚前往，較有機會遇到年輕的本地上班族。

網頁不定期有活動資訊，最近的活動包括「裸體之夜」、「小毛巾之夜」、「內褲之夜」和「四角褲之夜」等。在不同的日子，也可以秀出不同的東西（如身分證或刺青等）來換取入場的折扣。另外，因為泰國政府在2008年以來雷厲風行地取締市區disco的超時營業，造成Silom區的disco被迫要在三點前結束清場。Chakran為了要服務眾多玩興正夯的男同志，在週末夜晚還延長開放時間到凌晨。詳細的訊息可以隨時從網頁或者電話洽詢。

知名男同志按摩V Club於2009年遷至Chakran同一棟建築。坐在Chakran戶外躺椅上，還可以看到V Club的猛男按摩師，可說是另一種福利。

BOX

買的路邊攤

泰國的夜市，特別是觀光客雲集的Silom Rd.，路邊攤賣的東西非常多元，但很高的比例是仿冒品。也就是說，你不必期待品質會有多好，當然價錢很低廉，甚至還可以享受殺價快感！
路邊攤叫賣的貨品，從音樂DVD、影片DVD、皮夾、墨鏡、手錶，到球鞋、配件、褲子、衣服。近年，在Silom Rd.同志區最密集看到的，就是各式各樣「仿名牌」的內褲攤子了。「品牌」、款式之多，叫人目不暇給。

㊾ V Club

18
20
30
40
50
60+

 32 Soi Ari 4, Phaholyothin 7 Rd., Phayathai. 2F of Chakran Building.

 +66(0)2279-3322，+66(0)8-4905-6009

 www.vclub7.net

 03:00pm ～ 12:00pm

 約 700Baht/h，小費 1000Baht 以上

 BTS 站：Ari（N5）

 Ari 站 3 號出口下來，往前約 20 公尺即可看到陸橋，在路口左轉（只能左轉），往前直走約 100 公尺，即巷內第 4 條小巷口，可看到 Chakran 的招牌圖騰。依方向指示左轉，大約 50 公尺處，即可在右側看到 Chakran 低調而高雅的建築。V Club 在同一棟建築，從一樓左側入口上樓。

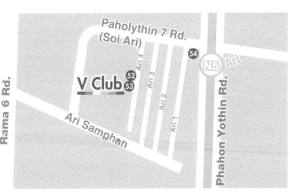

　　V Club於2009年遷移到Chakran三溫暖二樓，風格呈現東方禪意，設備包括沙發區、餐廳、吧台、蒸汽室、護膚、按摩室、與健身房等等多重設施。

　　按摩師裸上半身穿梭其中，此處曾被號稱為按摩師素質最高的同志spa。不僅長相清秀出色，同時也多半具有大學學歷，也有兼職模特兒，如果客人指定要西方人的按摩師，V Club也可以代為安排。

　　提供的服務內容包括spa、護膚、做臉與情色按摩（erotic massage），也提供外叫服務。

54 燕窩攤子

| 20 |
| 30 |
| 40 |
| 50 |

 Phaholyethin 7（Soi Ari）, Phaholyethin Rd.

 無

 無

 12:00am ～ 08:00pm

 30B、50B、100B

 BTS 站：Ari（N5）

Ari 站 3 號出口下樓，往前約 20 公尺即可看到陸橋，在路口左轉（只能左轉），轉入 Paholythin 7（也就是 Soi Ari）巷子後不遠，即可看到路邊這個寫著中文「燕窩」的攤子。

　　這是一個路邊攤，寫著「燕窩」的小小中文招牌吸引我和友人注意。一群人剛離開Chakran三溫暖，快到捷運路線大馬路口的巷子路邊，駐足立刻各點一碗燕窩來補補身。

　　泰國以產燕窩聞名，又有愛吃燕窩的華人，中菜館子裡常常看到賣熟食或食材的燕窩。像這樣賣燕窩的小攤，並不常見。

　　老先生俐落的手腳吸引我們目不轉睛盯著看，舀燕窩、加湯、添配料，不只動作純熟老練，攤子上的器具也很有歷史感。閒聊之下才知道，年近70的李老闆是潮州人第二代，從年輕時35歲就開始賣燕窩。守著這個攤子30多年，大半輩子、日復一日為客人煮燕窩、賣燕窩。

　　燕窩，用不那麼浪漫的說法來講，就是燕子吐在窩裡的口水形成的物質。老實說，我也不知道華人所堅信「吃燕窩養顏美容」的說法，究竟有幾分真實，不過，當我從親切的李老先生手上端過這一碗燕窩，舀一口送進嘴裡的時候，覺得還挺感動的。

55 GG Sauna

18
20
30
40
50
60+

 1155/1 Soi Ronnachai 2, Phayathai

 +66(0)2279-3807

 無

 週一至週日 12:00pm ～ 09:00pm

 週間入場費 130Baht，週末入場費 160Baht

 BTS 站：Victory Monument（N3）

 從 Victory Monument 站 3 號出口，攔計程車往 Vichaiyut 醫院下車，抵達後沿著醫院旁的 Set Siri Rd. 路走 150 公尺，左側見 Ronnachai Soi 2 巷口藍色路標。左轉進巷直行 5 ～ 7 分鐘即達店家。

　　儼然是一本活歷史的男男三溫暖界常青樹的GG Sauna，如何在強敵環伺下昂然挺立26年？時代交替肉體來去，GG Sauna默默地在曼谷國為出櫃的、櫃子裡的、結婚的、獨身的同志朋友提供了一個庇護所，讓疲憊的「腥零」能夠在男體的滋潤下再出發。

　　GG Sauna全名Grey Gym Fitness Center，座落在臨近Vichaiyut醫院的住宅區內。建議讀者可從Victory Monument站（較順路）或Ari站轉搭計程車前往。由於GG Sauna所在之Soi Ronnachai僅是小巷一條，避免司機繞來繞去找不到路，讀者可請taxi運將載到Vichaiyut醫院，下車後再步行前往即可。沿著醫院旁的Set Siri路往裡走，左側便可看到Soi Ronnachai巷的藍色路標。轉進巷子直行約5至7分鐘會瞧見GG Sauna外圍那道略帶玫瑰色的斑駁圍牆，沿著牆緣拐個彎就來到了Sauna入口。GG Sauna是幢傳統泰式平房，前庭佔地極廣，開車來也不用煩惱停車問題。

　　來客以中年、熟齡大叔和肉壯熊族為主。這些資深來客們風情百百種：有滿身體毛的黝黑熊叔、身型比美18少年的氣質大嬸及喜穿包屁小熱褲在Lumpini公園晨跑的鄰家肉壯爹。但不管是那種類型的客人，大家彷彿都是好朋友般地互動招呼，一般三

溫暖瀰漫的狩獵氛圍在這裡較不易感受的到。週間來客數較多的時段為傍晚5時至8時，週末則在下午3時過後人氣最旺。

GG Sauna在80年代開店時，想必不少讀者不是還在娘胎就是還在吮指頭。20多年的陳設及內裝當然比不上新開店家的豪華硬體。一樓除了有基本的盥洗區、蒸氣室及烤箱外，在更衣區旁還有個人氣頗旺的吧枱餐飲區，很多客人都會三五成群在這兒吃飯聊天 。一樓左側上樓處有個不甚明亮的迴廊，這裡散佈了許多座椅，不少人會坐在這兒觀察入場人客，也有一些豪放的大叔就會直接套弄起自己的寶貝。

提醒讀者，有些軟墊已損壞塌陷，在任何座位坐下前，請先觸碰確認，不然誤傷自己的多汁蜜桃就掃興啦。二樓是小房間區，但因數量不多之故，在假日午後尖峰時段時也會見到等不及的客人們在走道間就摳摳摸摸起來。

GG Sauna不做廣告、不搞主題之夜或男體秀，而以暹羅同志三溫暖太上皇之姿在曼谷國的小巷裡服務孽海子民20餘載。從第一代老闆在家庭社會壓力下結婚生子，到現在第二代當家雖然不是同志仍親自顧店為大夥服務的開放態度，GG Sauna本身就是泰國同志歷史的說書人。不管是不是熟男胖爹的愛好者，在緊湊的行程中不妨抽空走一遭，親身瞧瞧歲月的容顏。

8

OrTorKor鄰近

地圖八：OrTorKor鄰近

第8章適用

56 39 Underground Sauna

1511/39 Phahonyothin Soi, Saphan Kwai

+66(0)2279-1511

www.siamout.com/39/

03:00pm～00:00am。主題日：週一「亂交趴體日」，周二、六、日「全裸日」，周四、五「性感內褲日」

160Baht

BTS 站：Saphan Kwai（N7）

Saphan Kwai 站 1 號出口下樓後，往回走（往南）約 50 公尺，過 TMB 銀行後，右邊（很短的巷子）巷底可見醒目招牌。（巷子約位於 Big C 對面）

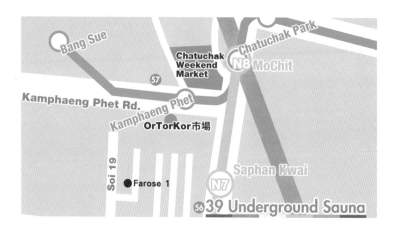

　　老是聽別人說泰國男兒如何體力過人、強健精幹，你或許會存疑：那會不會只是go-go boy帶來的錯誤印象？但，只要你親臨39 Underground Sauna一趟，就會明白此言絲毫不假。從Saphan Kwai捷運站步行五分鐘，地點便利一點都不難找，加上入場費低，無怪它被視為淫亂指數同樣極高、卻連當地人都常不慎迷路的Farose最大勁敵，每天都有以「卡車」計的本地帥哥猛男，到此大打炮戰。

　　裝潢走暗黑地牢風格，淋浴、蒸氣室、烤箱都在一樓，置物櫃則分別位在一、二樓。在櫃檯付過錢、拿過寫有號碼的紙張，轉個彎遞給第二位服務員，他將會給你鑰匙和毛巾。記得，毛巾儘可能省點用，索取一條要另付10Baht。保險套和用小夾鍊袋裝好的潤滑劑無限供應，可逕向服務人員索取。

二樓有無限取用的冰飲、麵包和抹醬，供你大戰之後迅速補充水分和體力。休息區有大張軟墊座椅，可躺下來邊看電視邊觀賞往來絡繹不絕的男體。休息室後方是僅有寥寥幾座器材的健身房、G片觀賞區、「站著玩」的小房間和「集體玩樂室」，許多好漢們看看片子、抓抓鳥，就在這磨蹭了起來。

對啦，39 Underground的關鍵字就是「不知羞恥」，看對眼的盡管上，別再費心用眼神挑逗和觀望。特意設計成蜿蜒形狀的蒸氣室，每個轉角都站著人等你上門；黑房的光線並不特別暗，很多人就地搞起來，根本不在意旁人的目光。三樓的小房間區是專為喜歡「躺著做」的你所設計，走廊也總是擠得滿滿，當你裸身行走其間，很容易就有人伸出「友誼的手（或身體其他部位）」，將你一把拖進房間裡吸乾抹淨。

曼谷幾乎每家三溫暖都有空中花園，39 Underground也不例外。四樓的空中花園區，結合了部分小房間，和20多張藏在樹叢中的露天座椅。這區的性愛氣氛出乎意料地比樓下更高張，走道、座椅、躺椅，幾乎隨時都可以目睹春宮秀，且不管白天或黑夜，都熱鬧非凡。值得一提的是一道「瘦子限定」的柵欄，只有身型纖細的人可以通過，由於筆者體肉過多、無法親歷見識箇中風景，還請讀者見諒……

客群集中在20～35歲的年輕本地客，當中不乏令人眼睛一亮的俊美男與肌肉男。週末凌晨大批舞客湧入，場子最旺。唯一遺憾是自己的「庫存」永遠不夠，面對泰國男兒應接不暇的熱情邀砲，只能眼睜睜放手讓它走……。

㊼ Fake Club

18
20
30
40
50
60+

 Kamphaengphet Rd., Chatuchak

 +66(0)89-479-9262

 Fakeclub BKK

 10:00pm ～ 03:00am

 約 100Baht

 BTS 站：Mo Chit（N8）
MRT 站：Kamphaeng Phet

 1.MRT：Kamphaeng Phet 站 1 號出口，往回走（往西）步行約 7、80 公尺，經過很多賣盆栽的店後，即可看到 Fake Club 紫色招牌非常醒目。
2.BTS：Mo Chit 站 1 號出口，往回走（往南）步行約 300 公尺，右邊第一條路 Kamphaengphet Rd. 右轉，即 MRT 車站，往前在直走約 7、80 公尺，在右邊即可看到。

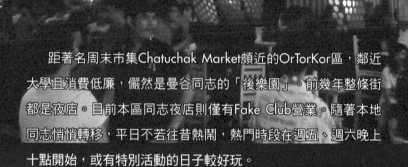

　　距著名周末市集Chatuchak Market頗近的OrTorKor區，鄰近大學且消費低廉，儼然是曼谷同志的「後樂園」。前幾年整條街都是夜店。目前本區同志夜店則僅有Fake Club營業。隨著本地同志悄悄轉移，平日不若往昔熱鬧，熱門時段在週五、週六晚上十點開始，或有特別活動的日子較好玩。

　　左邊座位成階梯看台狀，每個人都能看與被看。如大小氣泡般突起、或螢光線散射牆面，交織出外太空般的科技感。播放泰國mix歐美流行舞曲，螢幕也播映該曲MV，顧客齊唱或在看台上就地扭腰擺臀。想見識泰國年輕人狂野瀟灑，到這裡就對了。

　　和Silom不同，並不流行單點一杯自己享用。你可以看到一群朋友合點一瓶威士忌，再請酒保加可樂、Tonic water和冰塊，喝得不亦樂乎。這才是泰國酒吧的正宗飲法，不但省錢，還能增進友情！如果懂基礎的泰語（本書p.264附錄4：泰語會話），到這裡很容易找到新朋友，屆時可別小氣地點酒自己喝喔！

58 Hijack Sauna

 1873/15-17 Sena Center, Phaholyothin 37, Lad Yao, Bangkhen

 +66(0)2-513-3115，+66(0)81-827-5550

 www.hijacksauna.com

 週日至週四 12:00pm ～ 00:00am
週六至週日 03:00pm ～ 06:00an

 119Baht

 MRT 站：Phahon Yothin
BTS 站：Mo Chit 站

 MRT Phahon Yothin 站 3 號出口出站，循指示上天橋往 Central Plaza Ladprao 方向走，在 Central Plaza Ladprao 大門前轉搭計程車往 Phahon Yothin Road Soi 37(若交通狀況良好，車資不應超過 50Baht)。於 Soi 37 巷口下車後，往前走 100 公尺，左手邊是 Sena 商場，過手搖飲料店 Mumucha 後，前方左側即見 Hijack Sauna 紅色店招。

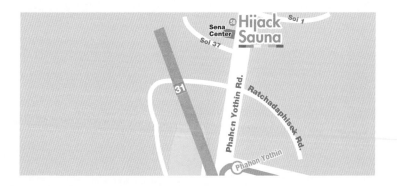

　　不走三溫暖總是隱身在巷弄或是大樓深處中的低調路線，Hijack Sauna一反常態地坐落在大商場區的馬路邊，以便利的地點及全新的硬體來服務曼谷國北區的同志子民們。前身為Gaya Sauna，在The Beach Group娛樂集團進駐後，2014年初改名Hijack Sauna。位置和 Central百貨公司Lad Prao分店一樣皆位於熱鬧的Phahon Yothin路上，若搭乘MRT地鐵前往，到Phahon Yothin站後，在Central百貨公司門口前馬路上轉乘計程車即可。

　　雖說位在還算熱鬧的商場旁，但還是考量到顧客對隱私的高度需求。店門前擺放了數盆大型植栽，為的就是讓生性害羞的客人進出時不至於像是去Tops Market買大黑茄般地無所遁形。3層

樓透天式建築，洗澡間、暗房等基本設施分布在一、二樓；三樓除了有個寬敞明亮的健身房，還有播放g片的觀影室；蒸氣室、烤箱和曼谷三溫暖必備的空中小花園則皆位於頂樓天台。

由於重新裝修，硬體設備算得上新穎。暗房區小隔間不似其他傳統三溫暖僅僅鋪個床墊、擺個垃圾桶了事，有幾間坪數較大的房間裡頭甚至內建了淋浴設備，激戰後還可以甜蜜地洗個交心事後澡。除了準套房式的空間設計，二樓暗房區還有可讓多人同時開心的大圓床和曼谷少見的極樂八爪椅。

多樣的設備，硬是提供了比其他三溫暖更新鮮的玩樂選擇。三樓g片觀影室有別出心裁的巧妙設計，在觀影空間末端有兩個小隔間，隔間牆板以類似Glory Hole概念在上下側各開了洞：上側T字形洞用來讓隔間客人欣賞電視銀幕上男優演出，而下側圓洞當然就是讓客人用來展現胯下的碩大熱情啦！

客群以當地入時年輕男孩為主，年齡層多分佈在20到35歲之間。一樓更衣室後方右側備有卡拉ok歡唱空間。筆者本以為卡拉ok可能是叔叔阿姨輩們的消遣，想不到來此的嫩弟們竟也都唱得很開心。歌單內容還算豐富，除了泰國流行歌，西洋天后如瑪麗亞凱莉及席琳狄翁的排行金曲也唱得到。有誠意想和泰男真心互動的讀者們可以來個以歌會友，在歌藝催化下，保證讓你和心儀男孩間沒有距離。和其他三溫暖類似，本店也規劃各式主題，包括：內褲之夜、面具露天趴等等，有興趣的讀者在安排行程前先上官網查詢。

9
chapter

Huai Khwang

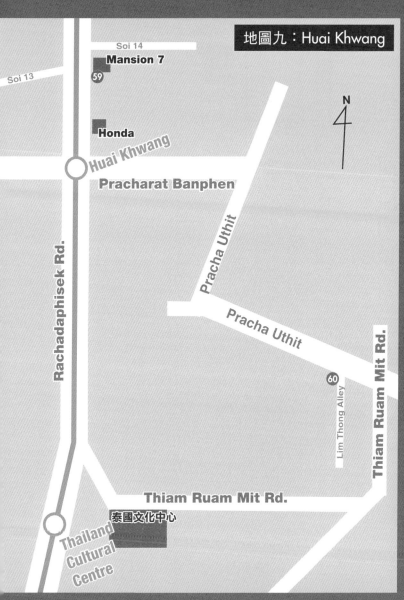

地圖九：Huai Khwang

Soi 14

Mansion 7

Soi 13

59

Honda

Huai Khwang

Pracharat Banphen

Rachadaphisek Rd.

Pracha Uthit

Pracha Uthit

N

60

Lim Thong Alley

Thiam Ruam Mit Rd.

Thiam Ruam Mit Rd.

泰國文化中心

Thailand Cultural Centre

第9章適用

⑤⑨ Soi 8 Red Beat

 244/7 Ratchadapisek Soi 14, Ratchadapisek Rd., Huai Khwang, (Mansion 7)

 +66(0)2-692-8880

---

 www.soi8redbeat.com Soi8redbeat

 每日營業 10:00pm 之後才會有酒客聚集

 無入場費，消費視點用之酒水而定

 MRT 站：Huai Khwang

 Huai Khwang 1 號出口，往右後方走沿著 Ratchadaphisek Rd. 前行，沿途行經 Honda 中心直達 Mansion 7(鬼屋商場) 即可見到鮮紅色的店招。

　　原本位在Ratchada Soi 8的名店Soi 8歇業後，相同管理團隊在MRT Huakwang站令起爐灶。新店面沿用Soi 8店名，另外加註Red Beat後，為舊雨新知們帶來全新氣象。新的店址位在曾經紅極一時的鬼屋商場Mansion 7中，距離惠狂夜市及香火鼎盛的象神所在處僅有數百公尺之遙。

　　全新的Soi 8 Red Beat在2013年9月下旬盛大開幕。該店在曼谷同志圈的影響力從開幕之夜嘉賓雲集的盛況中便可略見端倪。除了曼谷在地各大同志商號皆派員出席或致贈花籃外，現場也不乏演藝明星到場共襄盛舉。Soi 8 Red Beat本次斥資重金裝設高級音響設備，不僅要帶給客人們全新的視聽享受，更是意圖提升曼谷夜店界的硬體水準。

　　店內服務人員分為兩種，穿黑衣圍紅領巾的是服務生，負責

點單、帶位、添酒水等服務；另外一群著緊身小背心的男孩們則是所謂的coyote男狼，主要就是陪客人飲酒聊天、搞小曖昧，讓客人龍心大悅後強尼走路才會一次開8瓶。和傳統go-go bar不一樣，coyote男狼們原則上賣笑不賣身，倘若客人真的心有嚮往、想進一步發展，就得自立自強靠自己的「本事」來約他們囉。

週末常有樂團現場獻藝、扮裝皇后勁歌熱舞及內褲男模決戰伸展台或live洗澡秀。除了上述固定演出，泰國當紅歌手也常在宣傳期來作小型演唱會和歌迷們近距離接觸。建議讀者們在過來Soi 8 Red Beat前可以先上官網點閱當月的活動列表。

客人以年輕當地男孩及其姐妹淘為主。這些年輕舞客們多來自家境不錯的中上階層，一開始可能會給人距離感，但其實內心還是保有泰國男孩的熱情和善良。讀者們不要卻步，一個善意的微笑就有可能為你帶來一段全新的異國友情（或激情）。

和大部分local夜店相同，不賣假掰雞尾酒，只有啤酒、威士忌、可樂等可以讓好友們共飲的買醉選項。價格還算合理，多人分攤仍比在Silom舞廳撒錢買根本沒酒味的長島冰茶來得划算。

讀者們週末夜前往Red Beat小酌看表演，建議可以在晚上11點半後再過來即可。越夜越美麗的真諦在Soi 8 Red Beat等曼谷當地夜店也同樣適用。若同行人數較多，也可先打電話訂位。

⑥⓪ G Star

  18
20
30
40
50
60+

	Pracha Uthit Rd. intersection (intersection meng jai)
	+66(0)2744-4677
	無
	09:00pm ～ 04:00am
	啤酒約 120Baht，威士忌 1250~1850Baht
	MRT 站：Huai Khwang
	由 Huai Khwang 站 1 號出口，叫計程車往 G Star，跳表約 41Baht。

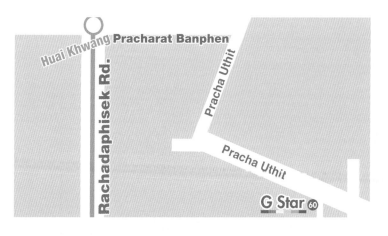

G Star從原本的Ratchada Soi 8搬到Meng Jai十字路口附近，門口附近還是一家扮裝皇后的服飾店，透過醒目的展示窗，看見華麗炫目的扮裝皇后華服，就知道G Star到了。

搬了家的G Star墊高了門廳，踏階而上檢查過證件後，推開大門映入眼簾的是神壇，應該是為了招財，請大家不要因此被收妖了，右轉再推開一扇門就可以看到有如一個小型禮堂的舞場，舞台坪數應該是全曼谷最大。舞台周圍排滿了高腳桌，泰國年輕人群聚在桌邊，大肆地談笑，隨著音樂舞動。

這裡的音樂也是相當典型的泰國local bar風格，所播放的音樂以翻版的「流行四十五」快板舞曲為主，近年來則隨著韓風日盛，韓國偶像團體的快歌舞曲幾乎佔了一半。播放知名韓國團體歌曲時，自信的泰國年輕小gay立刻衝上台，跳起原主唱團體的舞步，舞步之俐落、身手之韻味，讓現場在快節奏重拍之下，大家玩得特別high。

這裡的舞客大致分成三種，第一種為眉清目秀，瘦瘦小小，將臉化得粉白的底妝。第二種為穿著樸實，通常蓄著小鬍鬚的年輕

男生，第三種則為略有年紀的中年人。從他們一致的裝扮，也可以觀察到泰國人講究「集體流行」的文化現象，是個相當特殊的體驗。

　　來G Star除了跳舞，他們的廁所可是別有洞天，洗手台的左手邊有一條狹小的通道，穿越通道進到一處寬廣漆黑的內室，憑藉著微弱的光源可以依稀分辨出有好幾間坐式馬桶的隔間，舞客們會在裏頭發生甚麼事，大家就都心照不宣囉！有機會來G Star別忘一定要來曲徑探險。

　　G Star也常常舉辦活動，比方說舉行歌唱比賽、猛男秀、扮裝秀等等。此外，他們也常常吸引泰國當地的歌手前來舉行小型的歌友會，也清楚說明G Star 在當地受歡迎的程度。

10

chapter

RamKhamHaeng

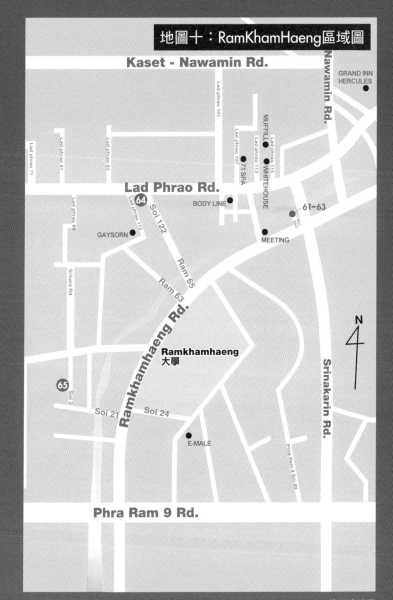

地圖十：RamKhamHaeng區域圖

Kaset - Nawamin Rd.

Nawamin Rd.

GRAND INN
HERCULES

Lad phrao 101

Lad phrao 107

Lad phrao 113

Lad phrao 115

MUFFILL
WHITEHOUSE

71 SPA

Lad Phrao Rd.

Lad phrao 71

Lad phrao 81

Lad phrao 83

Lad phrao 94

Lad phrao 112

64

Soi 122

BODY LINE

61-63

GAYSORN

MEETING

Ram 65

Ram 63

Srivara Rd.

Ramkhamhaeng Rd.

Ramkhamhaeng
大學

Srinakarin Rd.

N

65

Soi 2

Soi 21

Soi 24

E-MALE

Phra Ram 9 Soi 49

Phra Ram 9 Rd.

第10章適用

❻❶ Singapore PUB

	Soi 89/2. Ramkhamhaeng Rd.
	+66(0)83-975-3778
	無
	10:00pm ～ 03:00am
	100Baht 至 200Baht 之間（視飲料而定）
	MRT 站：Ratchadapisek 或 Phra Ram9，轉計程車約 120Baht。
	從捷運站轉搭計程車，告訴司機前往「Ramkhamhaeng Rd. Soi 89/2」（車資約 120 ～ 150Baht），下車後走入巷內即可見本區 3 家 gay bar

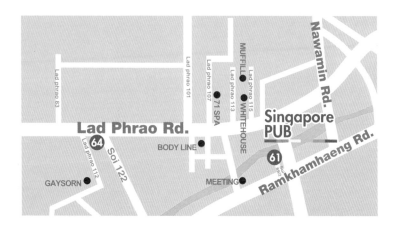

　　原本是本區知名的ICK Pub改名的Singapore PUB，位在Ramkhamhaeng區，該區以Ramkhamhaeng大學聞名。由於沒有地鐵或空鐵，而且離市區路途甚遠，外國人較少造訪。正因如此，位在 Ramkhamhaeng 89/2巷中的Lamsalee區塊，就帶著濃厚的local風味。本區有好幾家pub，門口查驗護照後，即可進入pub裡面，工作人員會來桌旁詢問你需要什麼飲料，視你所點的飲料付錢。客人多半成群來到，圍著一個一個小圓桌，喝著威士忌調可樂，聊天喝酒，或者看秀。

　　這裡以播放泰語流行歌混音風格為主，吸引當地本土同志青年。每晚都會有扮裝歌舞表演，有時則舉辦扮裝皇后選拔賽或是韓風舞蹈比賽來吸引客人。為迎合同志的多變口味，

Ramkhamhaeng區的這幾家
夜店無不絞盡腦汁舉辦活動
，每到周末假日仍吸引大批
當地同志驅車前來。

　　這一區的客層通常為年輕
學生或上班族，可以看到許
多本地年輕人圈子流行的裝
扮。大部分來客英文能力不
高，且不算是特別「國際化
」，個性較害羞，通常只敢
對外國人用眼睛放電，少有
主動來搭訕的情事。身為外
國人，此時就要扮演著主動
者的角色，找目標身旁的朋
友下手，以問路當作藉口，
會有意想不到的熱情回應。

　　散場之後，人潮許多會
前往三溫暖Farose II，既然
花了這麼多計程車錢來到
Ramkhamhaeng，當然也要
尾隨這些可愛的大屌帥哥好
好大戰一場囉。

⑥ G Star (Ramkhamhaeng)

18
20
30
40
50
60+

 Soi 89/2. Ramkhamhaeng Rd.

 +66(0)84-119-5558

 無

 10:00pm ～ 03:00am

$ 100Baht 至 200Baht 之間（視飲料而定）

MRT 站：Ratchadapisek 或 Phra Ram9。

 從捷運站轉搭計程車，告訴司機前往「Ramkhamhaeng Rd. Soi 89/2」（車資約 120 ～ 150Baht），下車後走入巷內即可見本區 3 家 gay bar

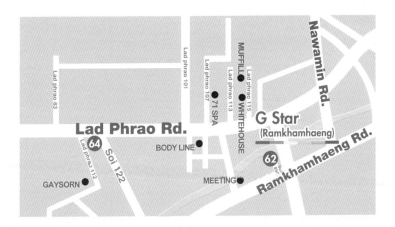

　　Lamsalee區塊三家本土夜店各有各的風格定位，讓不同的客群都可以找到自己喜歡的曲風，每家夜店的顧客其實有很明顯的族群取向。位於中間的G Star跟位於Huai Khwang站附近的G Star經營者是同一人，播放舞曲偏向韓國流行舞曲，內部裝潢與燈光也較為鮮豔螢光，充滿青春洋溢的氣息，自然也就吸引年輕同志喜愛。舞客大多不會超過25歲，多為附近大學生，梳著泰國年輕人時興的髮型，打扮也走韓風路線，有些人甚至更花枝招展。跟台灣同名夜店G. Star Club一樣，只要DJ播放韓國混音舞曲，許多年輕底迪便會熟練的站上舞台秀出整齊劃一的舞姿。

　　舞客上台表演時，還會時不時對底下的其他客人拋媚眼，不知道是否因為泰國文化，人人都擅長頻送秋波。因此當大家下台後，過去禮貌性的敬個酒，通常都能輕易搭訕到外表害羞、內在悶騷的泰國人。

　　凌晨一點過後會有扮裝皇后的歌舞表演，以及扮裝皇后的脫口秀，雖然可能會聽不懂，但她們的逗趣表演總能炒熱氣氛，也讓人感受泰國人天性幽默的風情。

(63) Door Dum

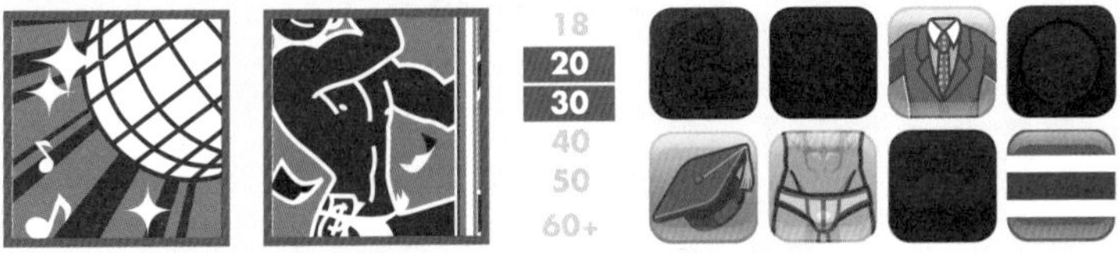

Soi 89/2. Ramkhamhaeng Rd.

+66(0)81-8590550

無

10:00pm ～ 03:00am

100Baht 至 200Baht 之間（視飲料而定）

MRT 站：Ratchadapisek 或 Phra Ram9，轉計程車約 120Baht。

從捷運站轉搭計程車，告訴司機前往「Ramkhamhaeng Rd. Soi 89/2」（車資約 120 ～ 150Baht），下車後走入巷內即可見本區 3 家 gay bar

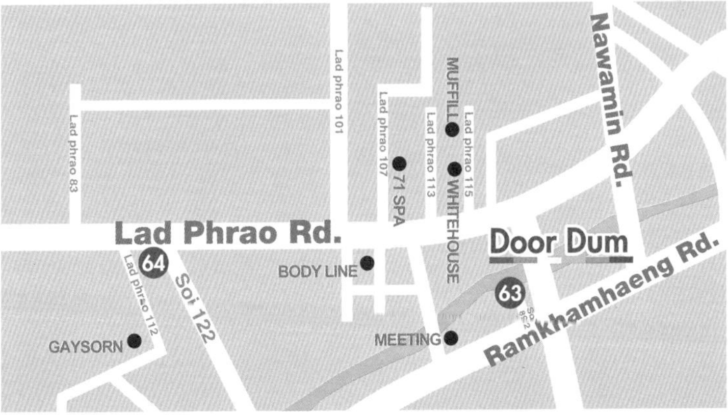

Door Dum店名其實又藏著泰國人的幽默搞笑，店名的泰語發音類似『黑屌』店長說，希望藉由這樣的店名可以吸引有著黑屌的泰國青年前來。店裡空間不大，也沒太多裝潢，中間狹長的舞台將環境一分為二，沒有林立的鋼管，主要客群大約是剛出社會的泰國青年就是Door Dum最吸引人的裝潢。

曲風以西洋浩室重拍電音為主，跟大家習慣的D.J. station類似，震耳欲聾的節拍如果耳膜跟心臟沒有強壯一點，可是會被震昏的。通常週五、週六晚上12點後才會有較多舞客前來，1點半左右則會有半裸猛男列隊在舞台上性感熱舞，如果對誰有意思，就大方的在他們的褲頭塞小費吧！猛男表演的休息空檔，有些人

還會下來跟舞客們一塊喝酒，這種輕鬆無距離的熱情魅力也只有在當地夜店才能體驗的到。

　　猛男熱舞之後則會有扮裝皇后的對嘴演出，這邊的扮裝皇后算是Lamsalee區可看度高而且精彩的表演，經由扮裝皇后炒熱氣氛後，大家也都喝到微醺了，開始可以見到每桌客人跟其他客人敬酒、搭訕，甚至也會一塊站上舞台，隨著音樂性感熱舞，泰國男人悶騷的性格在微醺後便大解放了。幸運的話有可能會看到大屌秀，這種特別表演還是需要事先打電話跟店家確認，不過就算沒有特別活動，Door Dum的熱舞猛男與舞客們也都相當吸睛養眼。

⑥④ Dejavu sauna

18
20
30
40
50
60+

 8-10 LadPhrao Soi 122

 +66(0)2934-2430

 www.gthai.net/dejavu/

 5:00pm ～ 11:00pm

 130Baht

 MRT 站：Ratchadapisek 或 Phra Ram9，轉計程車約 100Baht。

 從捷運站出來轉搭計程車，告訴司機前往「Lad Phrao Rd. 的 Soi 122」，到巷口（Mitsubishi）下車（車資約 120 ～ 150Baht），走入 Soi 122 約 50 公尺右邊即是

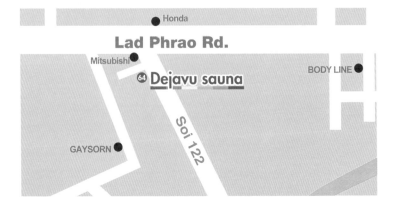

　　在RamKhamhaeng區倘若不想去破舊髒亂的Farose II，又想
一嚐當地生猛的泰國男孩，Dejavu絕對是只有當地人口耳相傳，
巷仔裡的首選。這間三溫暖鄰近RamKhamhaeng大學，客群以大
學生以及附近的當地青年居多，整體環境雖不像觀光客熟知的
Chakran那樣美輪美奐，但健身房、蒸氣室、浴池、吧枱該有的

設備都沒少。

　　入場費也相當便宜，必須全裸入場，大部分泰國男孩會用手稍微遮掩，但也常看到不少比較驕傲的泰國大屌招搖過街，吸引眾人目光。二樓是卡拉ok區，三樓則是浴室，蒸氣室區，四,五樓就是三溫暖常見的迷宮暗房，五樓還有一個露天陽台，跟台灣的三溫暖格局相當類似。

　　Dejavu最吸引人的是每個月的例行活動，周二會有面具派對，周六則是fucking秀或群交派對。活動通常在晚上九點開始，於四樓的迷宮區會圍出一塊fucking zone，挺著大屌的生猛泰男會很認真的示範各種體位讓觀眾興奮。不像go-go boy秀的表演抽插個幾下意思到了就結束，在Dejavu的fucking秀則是會讓雙方盡興到高潮才停，觀眾有時候也可能會變成表演者，主持人會邀請在場的觀眾下海參與，如果不吝嗇展示你的工具的話。而在群交派對的時候，只有攜伴才能進入fucking zone，在裡頭便可盡情享受泰男吃到飽的瘋狂體驗，還會有泰國男孩擔任被大家顏射的角色，是相當特殊的體驗。

　　如果是一個人去尋歡沒有伴該如何是好，別擔心，就上五樓釣一個吧！常在一個狹窄的走道擦身而過就被泰國男孩摸一把，或是緊緊擁抱，只要你親切回應，泰國男孩滿滿的誠意與熱情，絕對是你流連忘返Dejavu的唯一理由。

⑥⑤ Farose II

 Ramkhamhaeng 21, Soi 2.

 +66(0)2319-4054

 www.farosesaunabkk.com

 05:00pm ～ 06:00am

 週日～週四：140Baht；週五、週六、假日前一晚：150Baht

 BTS 站：Phra Khanong 或 Mo Chit，轉計程車約 100Baht
MRT 站：Ratchadapisek 或 Pha Ram 9，轉計程車約 80Baht 在 21 巷巷口搭
載客摩托車，大約 10Baht。

 Farose II 的入口，Ramkhamhaeng 21 位在 Ramkhamhaeng 的鬧區，四周有
Big C 與購物中心等。由巷口往裡走，經過一個上坡之後，在右邊出現的次
一條巷子即為 soi 2，在路牌之後，即可看到 Farose II 的招牌含蓄地藏身其
後。朝右轉進巷內，第一眼看到的豪宅即是。

Farose II這個local三溫暖，在這幾年名氣大增。原本Farose 1位在鄰近39 Underground的Saphan Kwai區，但謠傳發生了一些不名譽的事情，因此人潮轉往了位在Ramkhamhaeng區的Farose II。

曼谷的知名三溫暖，多半只開到凌晨十二點，這也說明為什麼大多數曼谷gay，習慣先去三溫暖，再去跳舞。但Farose則堅持開到凌晨，成為最有利的強項。此外，這裡也堅持在某些樓層，客人必須「全裸」（是的！會有工作人員，拿著手電筒要求你當場脫下內褲，不圍毛巾的「全裸」）。因此，雖然破舊髒亂，仍然吸引許多人潮前來尋歡。

Farose II 整體設計其實不大方便，但正因為這種不方便，製造出在豪宅每個角落邂逅的種種可能性。購票進入即可看到置物櫃，位在一樓中央。旁邊傳出震耳欲聾的音樂聲，告訴你旁邊房間就是一個小型的disco，不僅可以看到一群穿著內褲的男孩跟著很local舞曲起舞，也可以在吧台索取whisky加汽水的飲料（免費！）。

如果要沖澡，就必須朝反方向往戶外泳池走去。在泳池旁，希臘型大杜子組合成的神殿式建築，即為沖澡處。沒有個人澡間，四五人圍著水柱沖澡，彼此的「工具」一覽無遺。

游泳池旁的另一個建築物是舞台，約每晚凌晨2點開演。內容除了歌舞秀之外，還有抽插秀。為了服務觀眾，抽插秀不只在台上進行，也會「亦步亦趨」地沿著泳池表演一圈，而且從頭到尾兩人都沒分開。有時候表演者一時興起，也會趴在觀眾腿上讓你看個仔細，可說是相當「周到」的表演。

回到建築物內，沿著旋轉樓梯走上2樓是暗房。裡面迴轉處處，在走道上和角落裡都擺放了沙發，讓逛累的你可以坐下來休息，順便搜尋下一個目標。3樓即為全裸區，必須將內褲或毛巾脫下。全裸區的砲房，兩面為鏡子，另一面則為落地窗，外面是不能進入的陽台，因為位處山丘上，熱戰之際，還可以看到一部分的城市夜景，相當有風味。

4樓為庭園區，提供免費熱食，讓客人補充體力。如果對遇到的泰國男孩有興趣，帶來頂樓安靜地聊天，等待黎明，也是個很浪漫的選擇。

Farose II的客層多半為泰國人，其他國家的亞洲人極少，更不大可能有白種人或黑種人。因此，面對外表害羞，內心狂野的泰國人，興致高昂的你不妨主動一點。此外，Farose最讓人詬病的是衛生，所以在使用毛巾或者床墊時，小心不要碰觸到易感染的部位，以免破壞旅行的興致唷。

Farose 1

🏠 108/3 Pradipat Soi 19, Saphan Kwai。

🚶 BTS 站：Saphan Kwai（N7）1 號出口往回走（往南）約 300 公尺看到大馬路 Pradipat Rd. 右轉，經三條巷子右邊有 Liberty Garden Hotel，再下一條巷子右轉。直走約 200 多公尺看到左邊有精品旅店 Udee，再右轉到巷底左轉，即可看到左邊隱身公寓間的 Farose 1。（參考 p 183 地圖八）

📞 +66(0)2618-4505。

特別企劃
SPECIAL FEATURE
芭達雅小旅行

A－K

　　若是來泰國的時間很充裕,除了只在曼谷走跳,其實大部分的人還會選擇距離曼谷只有兩個小時多車程的濱海城市 —— 芭達雅,可以租輛機車,或是隨手搭只會同一條路上來回載客的雙條車,來個逐浪曬日的輕鬆小旅行。

　　此處自然亦是各路觀光客來泰國的必訪之地,形成了類似曼谷的夜生活消費聚落。倘若曾經跟隨旅行團來過芭達雅,晚上的自費行程有些導遊會推薦甚麼三合一成人秀,儼然成為去芭達雅除了看蒂芬妮(Tiffany's Show Pattaya)的華麗扮裝歌舞秀之外,另一種不適合闔家大小觀賞的表演。

　　而在芭達雅臨海的主要道路 —— 海灘路(Beach Rd.),底端的walking street就是專屬於異性戀的酒吧與秀場。而鄰近的Pattaya 13/3(Pattayaland Soi 1)與Pattaya 13/4(Pattayaland Soi 2)所圍繞出來的區域,就如同曼谷Silom區的男孩街一樣,是屬於同志的Boyztown,若想看看與曼谷不同風格的go-go boy演出

　，這裡是很好的選擇。而除了Boyztown，另外在Pattaya Saisam Rd.（Third Rd.）附近的Sunee plaza與Jomtien海灘附近的Jomtien區也都有許多同志店家，包括酒吧，旅館以及男男按摩（但客群似乎偏向熟齡外國退休人士）。

　　至於看完秀之後，在回旅館之前，也可以去芭達雅半夜一點後才會開始熱鬧的同志夜店看男模走秀或扮裝皇后表演。隔天睡到中午過後再去Jomtien海灘附近插有彩虹旗的同志海灘展現身材吧！雖然可能看到更多的會是在芭達雅long stay的熟齡外國人（如果在淡季的話），悠閒享受著午後的陽光。而在回曼谷之前，別忘了去一趟男男按摩，比起曼谷按摩的價格更為親民，體驗跟曼谷男孩不太相同，感覺較為純樸的芭達雅男孩吧。

BOX

曼谷如何到芭達雅

1.搭乘客運：
在BTS東線的Ekkamai站（E7），可看到東部客運總站，往芭達雅車資124Baht。或搭計程車到北部客運總站（BTS Mo chit站附近）搭客運，票價依車公司不同而有些許差異，不過也是在130Baht上下。

2.搭乘小巴：
在東部客運總站還可以搭小巴，人滿即開車，車資130Baht起，或是在BTS北線的Victory Monument站（N3），附近也有往芭達雅的小巴可以搭。

芭達雅當地交通建議

1.租機車：
只需要護照，店家會要求押金1000Baht，還車時退還。

2.雙條車：
在芭達雅主要道路上都有雙條車來回載客，如果知道要去的地點在哪邊，是很方便的選擇。在同一條道路上，不論坐到哪邊都是10Baht，如果想去的地點跟其他主要道路交叉，就下車換到另一條路坐雙條即可。司機通常只會在同一條路線折返載客，所以不會有坐著坐著就轉到別條路的問題。

地圖十二：Boyztown放大圖

A COPA entertainment complex
B Boyz Boyz Boyz
C Toy Boys
D A Bomb Boy's club
E Narcissus Massage
F La Baguette
G IDOL Club
H NAB Club
I Royal House
J Magnolia Spa
K Gay beach（Jomtien海灘）

BOX

芭達雅的路標與路名

Pattaya巷子路標是藍色圓招牌，只寫路名跟數字，代表某巷（soi）。
例如：Pattaya Saisong 6/1＝Pattaya Saisong soi 6/1，Beach Rd.巷子
只用Pattaya來代替，因Beach Rd.巷子都會接通Pattaya Saisong Rd.。
Pattaya道路在不同地圖上有不同的標示，以下是對照表：
North Pattaya Rd.＝Pattaya Nuea Rd.
Central Pattaya Rd.＝Pattaya Klang Rd.
South Pattaya Rd.＝Pattaya Tai Rd.
Beach Rd.＝Pattaya 1 Rd.
Pattaya Saisong Rd.＝Pattaya 2 Rd.
Pattaya Saisam Rd.＝Pattaya Sai 3 Rd.＝Third Rd.
Pattaya 13/3＝Pattayaland Soi 1
Pattaya 13/4＝Pattayaland Soi 2

N

7

Pattaya Naklua Rd.

North Pattaya Rd.
(Pattaya Nuea Rd.)

客運車站

Tiffany's
Show
Pattaya

Pattaya 5

Pattaya Dragon

Bangkok
Bank

Pattaya 6

Soi 4

Beach Rd.

Pattaya 1 Rd.

Pattaya Saisong Rd.

Phettrakul Rd.

Central Pattaya Rd.
(Pattaya Klang Rd.)

Pattaya 13

13/1
13/2

13/3
13/2

Pattaya Tai 22

Pattaya Saisam Rd.

Tukcom
IT Center

Kasikom
Bank

South Pattaya Rd.
(Pattaya Tai Rd.)

Pattaya Tai 4

Pattaya Tai 2

Sukhumvit Rd.

Thapprava Rd.

Sunee plaza

Pattaya
Animal
Hospital

Thep Prasit Rd.

3

K

地圖十一：芭達雅全圖

Ⓐ COPA entertainment complex

🏠 325/106-109 Pattayaland Soi 3, Pattaya

📞 +66(0)38-488694~5

📍 www.copapattaya.com

🕙 10:30pm ～ 12:00am

💲 200Baht 起

🚶 於 Beach Rd. 坐雙條車到 Pattaya 13/4 下車，走進去遇到第二條巷子右轉即可到
Boyztown，或是從 Pattaya Saisong Rd. 搭車到 Boyztown 下車 (入口可見 Family
Mart 超商) 即可見到招牌

COPA就座落在Boyztown的中央，鮮黃字樣紅底的巨大的招牌相當醒目。COPA既是旅館（下午2:00 check in），也提供按摩服務（中午12:00開始服務），晚上更是喝酒看表演的地方，算是三種需求一次滿足的複合式娛樂中心。不像曼谷如今想要看秀得付上300Baht以上的門票費，在COPA只要點一杯飲料就可以看秀，低消200Baht起。

COPA最為眾人所知的是，舞台中央半圓形的巨大玻璃缸泳池，只穿著小泳褲的男孩們海豚似的在泳池裡做出旋轉、翻騰的泅游動作，單人表演有如在孤獨的宇宙裡自由飄盪，雙人表演則可以提供許多適合在泳池裡做出的體位參考。搭配著磅礴的音樂，望著泳池裡的男孩游來游去竟然也會有種療癒的效果。

除了泳池秀，這邊的Cabaret秀也相當精采，華美秀服跟蒂芬妮有得拚比，伴舞的男孩也不像曼谷的Jupiter看來看去就只有那四個Jupiter男孩，在COPA約有三批伴舞男孩輪番上陣，大部分年紀都比較輕，精瘦身材還萌發著青春期的氣息。

如果想要在COPA看到比較特別的秀可能得看運氣，或是直接上他們的官網看公告，不然通常就只有泳池秀，歌舞表演而已。但此處的表演算是Boyztown這邊最為精緻並具質感的演出。這邊的男孩年紀比較成熟，跟其他芭達雅boy店偏好的削瘦精壯的身材相比，COPA的男孩比較肉壯，稍微走向熊的路線，想請男孩喝飲料或是帶出場都只有400Baht，因為不算貴，這邊很多觀光客看完秀就會帶著男孩去夜店續攤，席間也看到不少女性顧客會點男孩來當伴遊；而帶出場後的小費大部分就會從1500Baht算起。

Ⓑ Boyz Boyz Boyz

🏠 325/89 Pattayaland Soi 3, Pattaya
📞 +66(0)38-424099
📍 www.boyzboyzboyz.info
🕐 10:30pm ~ 12:00am
💲 200Baht 起
🚶 於 Beach Rd. 坐雙條車到 Pattaya 13/4 下
車，走進去遇到第二條巷子右轉即可到
Boyztown，或是從 Pattaya Saisong Rd. 搭
車到 Boyztown 下車即可見到招牌

Boyz Boyz Boyz就在COPA對面，算是本區另一家熱門的go-go boy店。跟曼谷的Dream boy很類似，標榜每晚都會有兩場秀的表演，而且兩場表演的男孩都不同。

這邊扮裝皇后的歌舞秀比較少，而像是呼應店名那樣，全都由男孩來擔綱演出。除了常見的抹乳液或噴蘇打水在身上的go-go boy表演，竟然還會看到B Boy的街舞表演，而且表演的男孩們還真的有練過，跳出大風車，定杆等高難度的動作，半裸的上身滲出了晶瑩的汗水，有別於歌舞秀的艷麗氣息，能看到充滿著青春陽剛的表演，似乎回到了那一年我們一起偷看的社團男孩的時光。

這裡還有開放式的泡沫洗澡秀。一般看到的洗澡秀都是在舞台旁的淋浴間，這家店則是把蓮蓬頭直接拉到舞台上方，男孩們毫無隔閡的在大家面前洗澡，觀眾甚至可以聞得到沐浴乳香味，只是表演結束後，就會有個時間空檔，看著工作人員急急忙忙的清理並拖乾舞台。

另外，這邊有下體只圍薄紗的男孩走秀，為了炒熱氣氛，主持人還會請男孩輪番用屌打鼓，或是推保齡球比賽，以博得掌聲與小費，這種屬於芭達雅較為戲謔的作風，也是如今在曼谷不太常見了。

Boyz Boyz Boyz男孩大約25到30歲上下，不似曼谷男孩的精雕細琢，草根味較重，身材也沒有練得特別出眾，除了精瘦泳型的男孩以迎合芭達雅多數外國觀光客的胃口，也有肉壯刺青男，供亞洲客人選擇，其中還有一位中東男孩，也算挺新鮮的。也是只要點飲料就可以看秀，最便宜的一杯啤酒或軟性飲料200Baht，想要點男孩下來聊天或出場400Baht即可，出場小費當然就得另外算，不過大多也是1000Baht起。

C Toy Boys

18+ **20**

🏠 325/102 Pattayaland Soi 3, Pattaya
📞 +66(0)81-9037578
📍 無
🕐 8:30pm ～ 2:00am
💲 160Baht 起
🚹 於 Beach Rd. 坐雙條車到 Pattaya 13/4 下車，走進去遇到第二條巷子右轉即可到 Boyztown，或是從 Pattaya Saisong Rd. 搭車到 Boyztown 下車即可見到招牌

提到Boyztown的Toy boys，當地人都會說是家開很久的男孩店。其實這家台灣人開的go-go boy店已經在Boyztown經營了22年，而且是第一家在芭達雅開的go-go boy店，從Pattaya Saisong Rd.轉進Boyztown左手邊第一家就可以看見它們的招牌。這歷史名店何以駐點在此屹立不搖，來芭達雅自然要來了解一下。

雖然是老店，裝潢卻相當乾淨明亮，環境也維持得相當整潔，絲毫沒有歷史建物的感覺。中央長型舞台上，只穿著內褲的年輕男孩會不斷的對你頻送秋波，有時還著音樂舞動著身軀，試圖吸引台下觀眾的目光。這邊的男孩年紀感覺就更小了，大約只有18～25歲左右，削瘦的身材略帶

者稚氣感，可想而知這家店的主要客群是歐美觀光客，特別是40～50歲的歐美人士，他們偏好仍具學生氣質的年輕底迪。

老闆楊大哥說，經營22年了，已有一批死忠熟客，只要大家來芭達雅就會過來喝酒聊天，然後點個男孩來陪伴喝酒；雖然是男孩店，卻有林森北路的酒店氛圍。「所以日本客人很喜歡來我們這邊，他們很習慣這樣的感覺。」楊大哥這樣說著。

入場飲料低消160Baht起，點男孩下來聊天喝酒只要400Baht，出場小費規定是1500Baht，若要過夜，過夜費則是2500Baht。喜歡年輕底迪的朋友可以來Toy Boys瞧瞧，這邊的男孩算是品質有控管，都在一定的水平之上。

Ⓓ A Bomb Boy's Club

🏠 325/75-76 soi 13/4 Pattaya 2nd Road, Pattaya
📞 +66(0)84-6361999
📍 無
🕐 8:00pm ～ 1:00am
💲 160Baht 起
🚶 於 Beach Rd. 坐雙條車到 Pattaya 13/4 下車，走進巷子往靠近 Pattaya Saisong Rd. 那一頭右手邊，或是從 Pattaya Saisong Rd. 搭車到 Pattaya 13/4 下車（巷口是 TMB 銀行），左邊可見招牌

　　A Bomb在pattaya 13/4靠近Pattaya Saisong Rd.的巷口轉角，從Boyztown那邊的店過來A Bomb可能要有落差的心理準備，因為店裡裝潢相當陳舊，也沒有表演可看，男孩們只有站在方型舞台上，對著顧客微笑，等候顧客青睞。這邊的男孩年紀也比較成熟，約莫25~35歲的樣子，身材練得較壯碩，客群大多為當地人或亞洲客人。

　　男孩幾乎都是異性戀，想試著掰彎異男的同志朋友不妨來試手氣（但他們其實是來工作的，只要付錢就彎了）。飲料低消160Baht起，男孩價碼是行情價400Baht，大部分當地客人都是挑了幾個男孩，接著就帶去夜店喝酒跳舞，營業時間雖然到半夜1點，但其實12點時男孩就幾乎都被挑光了，想要找異男伴遊的，可能要趁早來挑菜。

E Narcissus Massage

  20 30

- 🏠 325/39 Pattayaland 13/3 Soi 2, Pattaya
- 📞 +66(0)38-710-863
- 🌐 www.narcissus-pattaya.com
- 🕐 1:00pm ～ 1:00am
- 💲 400Baht/1hr，500Baht/1.5hr
- 🧍 於 Beach Rd. 坐雙條車到 Pattaya 13/3 下車，走進巷子在靠近 Pattaya Saisong Rd. 那一頭左手邊，或是從 Pattaya Saisong Rd. 搭車到 Pattaya 13/3 下車，即可右手邊見到招牌

　　Narcissus Massage就在Pattayaland Soi2，可以看到一群身穿海藍色運動T恤搭配純白小短褲的男師在門口招攬客人。有10位男師任君挑選，身材長相就跟官網上的照片沒多大差異。按摩師清一色為同志，只服務男客，一走進店裡，較能感受到接待的熱情。

　　空間並不大，但基本上有放心思在裝潢上頭（雖然走的是相當俗艷的風格），維持的狀況也比Royal house乾淨舒適，樓上按摩的房間都可以聽到輕音樂播放，心情自然放鬆不少。按摩技巧較為扎實，腿部、背部甚至胸部都會用熟練的手法，適度的力道為你紓壓。而且時不時會感覺到男師不安分又蠢蠢欲動的下體在你身上滑來滑去。按摩

結束沖澡時，男師會問你需不需要幫忙洗澡、擦背，額外的服務就欣然接受吧！整體來說，在Narcissus Massage比較能感受到完整而貼心的泰式服務。

　　一般而言，在芭達雅按摩的最佳時段是下午五點到九點之間，男師人數有較多選擇，Narcissus Massage因為就位於Boyztown附近，為了配合遊客作息，營業時間延長到凌晨一點，價格依選擇的項目而有差異，但最基本的一小時油壓，按摩費用加小費也只需要900Baht而已。若是在晚上趕去看秀之前還有時間，不妨來Narcissus Massage讓筋骨放鬆一下（但也有可能更累？）

F La Baguette

🏠 164/1 Moo5, pattaya-naklua Rd., Pattaya
📞 +66(0)38-421707
📍 www.labaguettepattaya.com
🕐 8:00am ～ 00:00am
💲 視餐點而定
🚶 搭雙條車到 Pattaya 圓環，接著往 Pattaya Naklua Rd. 步行約 10 分鐘，就可以在左手邊看到巨大白色建築與招牌

　　La Baguette法式烘培糕點坊就在Woodland Resort旁邊，從Pattaya North Rd.與Beach Rd.交接的圓環往北沿著Naklua Rd.再走一段路，就可以看到左手邊有一棟黑瓦白牆，簡約設計的建築，窗明几淨得可以一眼望穿店內優雅法式風情。方拉開店門，濃郁的烘培麥香便竄入鼻腔，越是走進店裡，層層堆疊的香甜氣息一直撲鼻而來。

　　除了提供手工烘培麵包、餅乾、巧克力，更讓人為之瘋狂的是冷藏櫃裡將近50種選擇的法式手工糕點，每一項都是留法學習糕點技術的師傅，運用新鮮的食材當天現做，每一口都能在嘴裡綻放幸福的滋味。口味當然是針對泰國人設計，如果不愛吃太甜，也有其他點心或輕食可以選擇，或是點杯飲料，豐富多樣的咖啡、茶或店內特調飲品，真叫人眼花撩亂不知道該如何下手。

　　不過價格可是比曼谷有些甜點店還要高，4杯飲料加上3塊蛋糕，就將近1500Baht，卻仍吸引許多在地人和觀光客來此一嚐滿滿的法式浪漫。每到下午總會看到店裡每張桌了都坐滿了客人，當然，也會看到不少屬螞蟻的同志朋友們光臨這家甜點店。開店超過10年的La Baguette絕對是離開芭達雅前，最甜美的回憶。

G IDOL Club

20 **30**

🏠 80/16 M.9 Nongprue Banglamung, Pattaya
📞 +66(0)81-1777807
f idol club pattaya
🕐 10:30pm ～ 5:00am
💲 250Baht 起
🚹 從 Pattaya Saisong Rd. 搭車，於 Pattaya Saisong 4 的巷子口停車 (巷口在右邊)，
　 即可看到 Idol club 的招牌。或是在 Bangkok Bank 下車 (鄰近 Pattaya Saisong 4)，
　 右轉入巷子 500 公尺即可看到皇冠造型的店家

說到芭達雅必去的同志夜店，當地同志會直接說出兩家，IDOL Club以及以下介紹的NAB Club。這兩家夜店走的都是類似曼谷RCA區夜店的大器恢弘格局。IDOL Club附近就是很多旅行團會帶去看的三合一成人秀場，經過那棟類似禮物包裝的建築再往裏頭走，就可以看到皇冠造型的屋頂，斗大的店名IDOL，O的部分被設計成男性的符號，這家夜店的屬性便昭然皆知。

一走進IDOL Club，挑高的天花板，垂掛的水晶吊燈，猩紅色的天鵝絨沙發座椅，可以感覺得出來店家試圖營造的華麗奢靡感。跟台灣人熟悉的同志夜店應該要有巨大的舞池不同，泰國的夜店通常會擺了許多方桌，三五好友就圍繞著方桌點一瓶威士忌與可樂或蘇打水，服務生就會幫忙調酒，大夥就這樣喝酒跳舞，或者有機會的話就跟鄰近看順眼的客人敬酒搭訕。IDOL Club便屬於這種泰式風格的同志夜店，方桌圍繞著巨大舞台以及其延伸出來的走道，四位dancing boy赤裸著上身，隨著DJ撥放的重拍節奏，性感的扭動著身軀。

每晚的1:30與2:30都會有男模走秀與扮裝皇后歌舞秀，跟Boyztown的男孩比起來，這邊的男模就更英俊挺拔了，臉蛋身材絲毫不輸曼谷的男孩們，有些男模甚至更性感可口，可惜只能觀賞並沒有提供號碼牌外帶的服務。而在這邊表演的跨性別皇后有些則是從蒂芬妮下班後，直接過來軋場的，所以也能看到跟蒂芬妮一樣精彩的歌舞秀。

IDOL Club每個月週末都會有特別活動，有時是主題派對，有時是歌手小型演唱會，有時是性感男模內褲秀與選拔賽，幸運的話還可以看見泡沫洗澡秀，所以週五週六的活動自然會比平日精彩，想知道有甚麼活動最好先上IDOL Club的FB粉絲頁查詢一下。

來IDOL Club的客人以當地人與亞洲客人居多，當然都是同志為主，不過也會看到一群朋友有男有女的來夜店慶生（雖然也不太確定到底是否為生理女性），通常一群人來這種泰式夜店玩較有趣，可以看到這一桌客人跟另一桌客人因為敬酒聊天然後就玩開了，所以許多客人才會先在Boyztown點了男孩再帶過來夜店續攤，而泰國男孩的友善熱情也在這類型的夜店表露無遺。但上廁所時有一點要注意，會有人在你小便時從後面敷熱毛巾在頸子上，然後幫你坐肩頸按摩，這可不是免費招待的服務，而是要給小費的，如果不想小便時被這樣打擾還得花錢，可以先跟對方拒絕，或是躲進馬桶間裡小便。

Ⓗ NAB Club

🏠 225/58-59 Moo 9 Pattaya, Dragon Second Rd., Pattaya
📞 +66(0)89-6803364
f NAB Men Club Pattaya-Gay Club
🕐 10:00pm ~ 4:00am
$ 250Baht 起
🚶 Beach Rd. 坐雙條車到 Pattaya 6 下車，然後穿越巷子到 Pattaya Saisong Rd.，會看到 Pattaya Dragon 的招牌（或是認麥當勞的黃色大 M），或是從 Pattaya Saisong Rd. 搭車到 Pattaya 6 下車，往 Pattaya Dragon 廣場走進去，NAB 就在廣場裡

　　跟IDOL club分庭抗禮的另一家同志夜店NAB Club，也是當地同志去夜店玩的熱門選擇之一。NAB Club位於Pattaya 6附近的夜店區Pattaya Dragon裡面，算是很容易到達，只要朝著NAB標誌走，就可以找到位於廣場裡頭的這家同志夜店。

　　裝潢走低調奢華路線，沙發區在最外側，接著是方桌區，最前面則是全開的大舞台，跳舞暖場的男孩硬是比IDOL Club多兩位，也更英俊帥氣，看得出來這兩家同志夜店拚場的決心，而受惠的就是我們消費者啦！

　　同樣在1:30會有性感男模走秀，男模數量與品質就更優於IDOL Club，挺拔健壯的身材，深邃的五官都是亞洲客人偏好的類型。有些男模走完秀，就會直接下台跟朋友喝酒，想要藉機認識他們的客人千萬要把握機會啊！但如果想要看到男模的內褲秀或其他特別活動也請先到FB粉絲頁查詢，這種「好康顧目睭」的表演並不是天天有的。而扮裝皇后的歌舞秀則是大同小異，並沒有特別突出或精彩。

　　消費方式除了開威士忌，其實只要點飲料（200Baht起）就可以享受店裡的音樂與服務，這邊也提供水煙，雖然泰國規定夜店裡都必須禁菸，但還是可以看到隔壁桌客人抽水菸抽的煙霧瀰漫的奇妙光景。由於地點就在知名的夜店區裡，客人較多外國觀光客。倘若12點甚至1點來到這些同志夜店沒看到甚麼客人是很正常的事，因為通常大家都是半夜一點過後才會陸陸續續來續攤，也讓這邊同志夜店的作息發展為越夜越美麗的生態。

ⓘ Royal House

🏠 20/213-214 Moo 10 Soi Day-Night 2, Pattaya Tai Rd., Pattaya

📞 +66(0)38-723086

💻 www.pattayahotmale.com/index.php/Details/ROYAL-HOUSE-MASSAGE.html

🕐 1:00pm ～ 11:00pm

💲 400Baht/1hr，500Baht/1.5hr

🚶 從 Pattaya Saisong Rd. 走到與 Pattaya Tai Rd. 的交叉路口，轉到 Pattaya Tai Rd. 往 Big C 的
方向（背對海灘的方向）大約 10 分鐘，就可見到 Tukcom IT center 商場，面對商場，從左
邊的巷子轉進去（巷子旁是 Kasikom Bank），遇到第一個十字路口，左手邊即可看到招牌

Royal House距離Boyztown不會太遠，從Pattaya Saisong Rd.走到與Pattaya Tai Rd.交叉路口背對海灘方向沿Pattaya Tai Rd.走約10分鐘就可以看到Tukcom IT商場，轉進左邊巷子，遇到第一個十字路口左轉，就可以看到Royal House的招牌與帶點歷史滄桑感，佇立著羅馬柱的灰白色建築，裏頭也是延續相當在地的陳舊感。

或許是淡季，進大廳左手邊是半圓形舞台，可看到男師們或躺或臥看電視，直到說明來意，老闆才叫男師們一字排開。目前男師17位，算芭達雅數量最多。大部分較成熟，體型高壯，草根味重。一問之下只有幾位是同志，其他多為異男。Royal House甚至會接女客生意，男師說，有時會有女生團（買春團？）帶來這邊，若看到熟女挑選男師千萬別覺得奇怪。

按摩房在三樓，果然是歷史建物，經過二樓看見堆滿廢棄家具還以為來廢墟參觀。不過三樓按摩房間還算簡單乾淨，沒甚麼裝潢，木質地板與隔間，高腳床及床邊置物小桌。男師先給你房間鑰匙，領你去洗澡，並把門反鎖，不用擔心東西的安全。

問異男師傅，與同性發生關係時是怎樣的感覺，他很直接地說就要吃壯陽藥，如果是女客就不用。或許是異男吧，按摩技巧很普通，按到重點部位就開始挑逗。

異男大多只當top，也有少數男師會為了小費含淚反串，但客人沒有要求做10的話，大部分就是幫客人用手消火而已。按摩不貴，一小時油壓400Baht，小費500Baht，不用私下給男師，按摩完再下去櫃枱一次結完即可，按摩加小費只要900Baht，這在曼谷絕對找不到。若想按1.5小時，按摩費用500Baht，小費800Baht，一樣是相當親民的價格。

Ⓙ Magnolia Spa

🏠 63/27 Moo 10, Soi LK Grand Living Place,Pattaya South Rd., Pattaya
📞 +66(0)81-8072413
📧 www.magnoliamenspa.net/
🕐 2:00pm ～ 10:00am
💲 500Baht/1hr 650Baht/1.5hr
🚶 搭車沿著 Pattaya Tai Rd. 往 Big C 方向（背對海灘），在 Pattaya Tai 4 下車，再走約 100 公尺，看見掛著 GRAND living place 招牌的巷子，左轉進去見到彩虹旗就是

　　明查暗訪芭達雅的男男按摩店時，泰國朋友曾提起有一家採預約制，地點隱密的男男按摩店Magnolia Spa。裏頭還有一位外國按摩師，環境與消費在當地算是比較高檔的，但可以享受到很超值服務，在芭達雅同志圈小有名氣。這種巷仔裡的消息當然要一探虛實，其實Magnolia Spa沒有想像中那麼難找，只要從Pattaya south Rd.往Big C的方向，看到掛著GRAND living place招牌的巷子再左轉進去，有彩虹旗的民宅就是了。

環境乾淨新穎，挑高大廳舒服明亮，老闆會拿著平板電腦讓你挑男師，Magnolia spa有13位男師，但不一定都在店裡stand by，要指定心儀男師，最好先打電話預約，像筆者莽撞的跑去店裡，結果在場只有五位男師可供挑選而已。

房間分一般房及VIP房，差別就是多一張床與多附浴缸而已。房間裝潢簡單，深沉色調木質家具不譁眾取寵，男師播放輕柔音樂以及點芳香蠟燭製造情調，整體氛圍又比Boyztown那邊的按摩店更勝一籌。

按摩手法也很仔細，確實紓壓了緊繃的肌肉，甚至還會用抹了精油的胸肌在你背上來回磨蹭，也讓某部位的肌肉甦醒過來。按摩結束後，男師幫顧客洗澡也是基本的服務，總之花了錢來當大爺享受就對了！男師說，這邊的客人以外國人跟當地人居多，不太有亞洲客人。

男師基本上都會說英語方便溝通，按摩價錢依選項或房型而調整，最基本的一小時精油按摩是500Baht，小費500Baht起，這邊的男師也不似曼谷的男師會有多要小費的習慣，雖然價格可能比Boyztown那邊高一點，但整體服務與環境跟曼谷比起來算是相當超值啊！如果真的懶得親自找到這家店，Magnolia Spa還提供免費接駁的服務，可以去電洽詢。

Ⓚ Gay beach（Jomtien 海灘）

20　30　40　50

🏠 Jomtien Beach Rd.

🚹 Pattaya Saisong Rd. 過了 Pattaya Tai Rd.（South Pattaya Rd.）交叉的十字路口，就變成雙向通車的 Thappraya Rd.，可以在這條路上搭雙條車一路通到中天海灘，回程的車也只要在這條路的對向道攔車，可以一路坐回 Pattaya Saisong Rd.

既然都來芭達雅了，怎麼可以缺少海邊戲水看男體的行程，雖然Beach Rd.的另一側就是著名的Pattaya海灘，但其實已經被經年累月的遊客糟蹋得有如殘花敗柳，當地人若想要好好享受寧靜悠閒的海灘時光，大多會選擇比較遠一點的Jomtien海灘。因為離市區較遠，要來此處建議租機車或包雙條車。到了這邊穿過停車場，就會看到一片遮陽傘的光景，依遮陽傘的主要顏色可以約分成三塊，綠色，黃色跟橘色區，Jomtien海灘比較沒有香蕉船、水上摩托車、拖曳傘等水上活動，當地人大多會在這邊租個躺椅，點

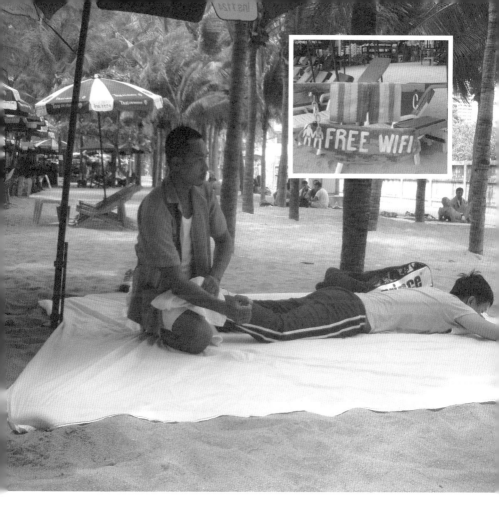

顆椰子汁跟青木瓜沙拉,看海聊八卦,無所事事的消磨下午時光。

　　而再往遠方走過去,遠遠的會看到插著一根同志精神指標的六色彩虹旗,就表示已經走到同志沙灘囉!當地人都知道此處是同志喜愛來的沙灘區,並不會有甚麼意見,可以看到泰國人對於同志相當尊重包容的態度。許多同志會不避嫌的在此曬恩愛,幸運的話可以看到擁有健美體魄的外國同志朋友大方地展示誘人的身材,但不表示這邊是裸曬區,歡迎展示好身材,但想大解放的全脫光還是得注意一下。而大多時間會看到的是在Pattaya久居的退休外國同志,曬得紅通通的相當驕傲地做自己。

　　在海邊也有按摩服務,泰式按摩一小時300Baht,按摩師的技巧也在水準之上,在耳邊充滿浪潮聲的環境下按摩,別有一番滋味。

【觀光簽證】

須提供：

1.護照正本（有效期半年以上），2.身分證影本正反面一份，3.二吋彩色白底近照一張（六個月內），4.簽證費用台幣1200 元（2013年6月公告），5.填寫申請表格（必須以英文填寫）。

辦理地點：泰國貿易經濟辦事處，台北市松江路168號12樓，02-2581-1979。

辦理時間：週一至週五上班時間，送件9:00～11:30，領件16:00～17:00。

查詢網站：www.tteo.org.tw（可下載簽證申請表格）

注意：

　　a.近年因國際飛安要求，簽證照片必須是近照的審核較嚴，且頭像尺寸要符合規定（頭部3.6公分至3.2公分大小），許多人因不符規定當場遭退件。

　　b.觀光簽證可委託旅行社代辦，手續費依照各旅行社規定。

　　c.中部、南部地區不定期提供每月1～2天可辦理泰證，詳細日期請上網站查詢，或電話詢問。

【落地簽證】

辦理地方：抵達Suvarnabhumi 國際機場，在「落地簽證櫃台」（VISA ON ARRIVAL）辦理。

準備資料：

1.填申請表，可在櫃枱或所乘班機上索取，貼上最近六個月2吋照片

一張。（未準備照片者，可在櫃枱旁攝影站拍攝）

2.填寫入、出境卡（可向所乘班機空服員索取）。申請表及入、出境卡，須註明在泰期間地址。

3.費用：1000Baht（只接受泰幣）。

4.出示15天內回程機票。

5.提出在泰期間足夠之生活費，每人至少10000Baht，或每一家庭二萬Baht（即使有信用卡，亦需持有現金證明）。

6.有效期間六個月以上的護照。

★出入境卡填寫範例及欄位說明

C

【飛曼谷航班】

航空公司：泰航、長榮、華航、復興皆有台北直飛曼谷航線。

航班選擇：泰航、長榮、華航每天有多班航班，選擇多。復興每天一個航班，時間固定。

飛航時間：台北直飛曼谷時間約3小時45分。

轉飛：國泰有台北經香港飛曼谷的航班，中間要在香港機場等待銜接，前後要花5～10小時不等。票價較低，不介意等候轉機或想先進香港觀光，可考慮國泰航班。

【旅館】

D

除本書內介紹的幾家同志旅館或友善旅館外，國際化的曼谷，有各種等級的旅館，選擇非常多。可考量預算、喜好、交通等資訊選擇適合的旅館。跨年、潑水節、聖誕節等為熱門旺季，訂房需提早較長時間，其他時間預訂旅館不算太難。

訂房系統：

網站很多，可以參考以下幾個較具規模的訂房網站。

◉ www.agoda.com/（可選擇中文）

◉ www.asiarooms.com

注意：

訂房系統通常需先刷卡確認訂房，請留意相關退訂規定。

E

【泰銖兌換】

可以在台灣兌換泰銖，或是帶美金到泰國兌換泰銖。台幣（兌換美金）升值時，後者較划算。

1.在台灣：

泰銖最近年升值快，目前與台幣幾乎接近1：1。

台灣兌換泰銖的地方有台灣銀行、兆豐銀行和盤谷銀行（Bangkok Bank）。

盤谷銀行在台灣有三個分行：

台北市松江路121號(02)2507-3275

台中市台中港路一段201號(04)2326-9623

高雄市五福三路63號(07)271-0000

2.在曼谷：

曼谷兌換外幣很方便，在市區有非常多的「Money Exchang」小亭，同志區Silom Rd.就有超過10多處。匯率有小許差別，可以先比較再兌換。

在曼谷兌換美金，同一家Money Exchang會因美鈔面額不同而匯率有別，面額100的美鈔匯率最佳。

注意：

盡量不要拿台幣到曼谷兌換泰銖，一來收台幣的地方非常有限，二來一般兌換的地方，台幣換泰銖的匯率實在太差，很不划算。唯一一家台幣兌換泰銖划算的地方是「綠色Super Rich」。

BOX

綠色Super Rich

專門兌換外幣，匯率比在台灣兌換更佳。先抽號碼牌，提供護照影本（現場可影印）。第一個窗口遞出兌換鈔票，拿到另一張號碼牌，第二個窗口叫號取得泰銖及明細。

網址：http://www.superrichthailand.com（可查匯率）

營業時間：週一至週五09:00am～06:00pm

週六週日09:30am～04:30pm

地點：

BTS Chit lom站1號出口附近Big C鄰近巷子裡。（見本書P.158地圖六）

★曼谷還有另一家「SuperRich 1965」是以橘色識別，但匯率就不及綠色Super Rich理想。

F 【泰銖種類】

泰國貨幣稱為泰銖Baht，也簡稱「B」。

紙鈔：面額分為六種，1000B、500B、100B、50B、20B、10B。10B的紙鈔市面上較少見。

硬幣：分為10B、5B、2B、1B。2B是金色，以便與1B區別。

另外還有，找錢才會看到的小額硬幣：5、10、25、50撒丹（satang）。100撒丹＝1B。

【時差】

泰國比台灣時間慢一小時。

【氣候】

屬熱帶氣候，在曼谷只有夏天！全年分為三季。

熱季：三月至五月，非常炎熱。

雨季：六月至十月，陽光充沛經常會下雨。

涼季：十一月至二月，最適合旅遊。

近年因全球氣候變遷，偶爾有不正常氣候。例如：2011年3月間，曼谷竟然出現攝氏20度以下的「低溫」。

【電壓插頭】

泰國電壓為220V。圓形或扁形插頭皆可用。

台灣的手機充電器，大都是110～220V電壓，在泰國同時適用。

【機場與市中心交通】

1.計程車：

機場往市區：選擇跳表較划算。需另外支付兩次快速道路過路費（75Baht），及小費（20 Baht），合計約300多Baht。

在機場入境樓層招呼站，加收50Baht。

（以往會有老鳥改至出境樓層攔回頭車，省下招呼站加收的50Baht，從2013年起，已經變成單向通行，入境者無法至計程車停車處。）

市區到機場：旅館門口自己攔車搭載，依照上述跳表方式計價。如果透過旅館櫃枱叫車，有時會比較貴。

所需時間：不塞車情況，約需40～50分鐘。

2.機場輕軌（The Suvarnabhumi Airport Link，簡稱SARL）：

2010年9月通車，快速便利，比計程車省下約一半時間。

搭乘地點：出海關後，搭電梯或升降機至地下一樓，沿著「Train to City」或「Airport Rail Link」指標即可看到。

服務時間：每天6:00至午夜。

藍線市區線（City Line）：

8站每站停，平日每小時4班，假日每小時3班，固定班次，票價15～45Baht。可銜接空鐵BTS北線的Phaya Thai站（N2）。

（至Makkason站需21分鐘，35Baht。至Phaya Thai站需25分鐘，45Baht。）

紅線直達（Express）：

中途不停直達列車，2011年6月起增加為2種路線。固定班次。

機場直達Makkasan站：約14分鐘，票價90Baht。每40分鐘一班。

機場直達Phaya Thai站：約17分鐘，票價90Baht。每30分鐘一班。

機場快線的Makkasan站雖然靠近MRT地鐵 Phetchaburi站，但是並沒

有直接銜接。

注意：

1. 至Phaya Thai站轉搭BTS，走路3～5分鐘即可到BTS站，較為方便。
2. Makkasan站往MRT，有天橋通道可達Phetchaburi站，約需步行20分鐘。因車站動線設計不良，目前門口沒有排班計程車！

紅線直達（Express）時刻表

Suvarnabhumi Airport	Makkasan Station
6:36	6:50
7:15	7:29
7:55	8:09
8:36	8:50
9:15	9:29
9:55	10:09
10:36	10:50
11:15	11:29
11:55	12:09
12:36	12:50
13:15	13:29
13:55	14:09
14:36	14:50
15:15	15:29
15:55	16:09
16:36	16:50
17:15	17:29
17:55	18:09
18:36	18:50
19:15	19:29
19:55	20:09
20:36	20:50
21:16	21:30
21:56	22:10
22:36	22:50
23:15	23:29
23:55	0:09

機場往Makkasan站

Suvarnabhumi Airport	Phaya Thai Station
6:00	6:17
6:30	6:47
7:00	7:17
7:30	7:47
8:00	8:17
8:30	8:47
9:00	9:17
9:30	9:47
10:00	10:17
10:30	10:47
11:00	11:17
11:30	11:47
12:00	12:17
12:30	12:47
13:00	13:17
13:30	13:47
14:00	14:17
14:30	14:47
15:00	15:17
15:30	15:47
16:00	16:17
16:30	16:47
17:00	17:17
17:30	17:47
18:00	18:17
18:30	18:47
19:00	19:17
19:30	19:47
20:00	20:17
20:30	20:47
21:00	21:17
21:30	21:47
22:00	22:17
22:30	22:47
23:00	23:17
23:30	23:47
0:00	0:17

機場往PhayThai站

未來可check in先托運行李：

Makkasan站原本規劃，可以先在此辦理登機check in，並且把行李先托運。但這項服務目前只有泰航（Thai Airways）和曼航（Bangkok Airways）2家可辦理。機場快線營運已經超過4年，迄今仍未全面提供這項服務。

K 【曼谷捷運】

1.空鐵BTS系統：高架建築，又稱Sky Train。
分為兩條線，往東（E1～E14）與往北（N1
～N8）同一條線，往南（S1～S12）與往西
（W1）同一條線。兩條線在Siam站轉車。
除單程票和儲值卡外，也有可進出多次的「
One Day Pass」1日票（130Baht）。

2.地鐵MRT系統：蓋在地下。僅
有一條線。
除單程票和儲值卡外，也有可以進出多次的
1日票（120Baht）、3日票（230Baht）、30日票（1400Baht）。
空鐵和地鐵兩大系統交會於三個站。BTS Saladaeng站（S2）／MRT
Silom站、BTS Asok站（E4）／MRT Sukhumvit站、BTS Mo Chit站（
N8）／MRT Chatuchak Park站。
兩大系統分屬不同公司經營，票證各自獨立不通用，換車時，也必須
出站再進站。（曼谷捷運路線請見P.2地圖）

L 【市區計程車】

曼谷計程車非常便宜，起跳價只要35Baht，每次跳2Baht。
曼谷捷運票價和台北差不多，相比起來，曼谷當地的計程車反而比捷
運便宜。如果是3或4人以上，搭計程車較為划算。只是有些市中心
路段或上下班時間很容易塞車。

付車資時，如果有個位數零頭，通常不會找錢，當作小費。（當然，如果你有硬幣，付剛好的車資也沒問題。）

（計程車跳表，可參考本書P.39「老鳥帶路：計程車不跳表怎麼辦？」專欄）

M 【嘟嘟車】

曼谷除了計程車還有不少招客的嘟嘟車。

作者本人不建議讀者搭乘，理由是：

1.曼谷街上人車多，空氣污染也嚴重，坐在沒有遮蔽的嘟嘟車上，疾速穿梭塞車嚴重的市區路上，安全和衛生都不甚理想。

2.特別是觀光客聚集的景點或旅館外，嘟嘟車在觀光客上車後，把人騙去藝品店半強迫採購的案例時有所聞。

如果真的想要搭乘，請儘量結伴同行，謹慎小心！

N 【載客機車】

曼谷市中心因塞車嚴重而衍生的行業。在路邊、巷口，常見到穿著鮮豔背心的一群機車騎士，這些就是載客機車。適合短距離、塞車路段。

搭乘時記得戴安全帽。價錢最好在上車前與機車騎士協議好。

【馬路安全：靠左行】

泰國是一個靠左行的國家！這一點和台灣靠右走的制度完全不同。

過馬路時，要先注意右邊來車，再注意左邊來車。因為和台灣先看左邊的習慣不同，很容易弄錯而發生危險。因此，過馬路前最好先停下來想一想。

P【網路】

曼谷大部分的旅館都提供WiFi服務，訂房時可以留意確認。

曼谷的網咖價錢則視地段或設備而異，1小時約15～60Baht。

智慧型手機興起後，網咖數量明顯減少。

高級旅館的付費網路，則價錢會高很多，要先問清楚。

Q【當地手機門號】

購買地點：在機場、超商或賣場手機店都可以買得到。

操作：將sim卡插入後，依照英文說明書操作很簡便。

儲值：使用後餘額不足時，可在超商加購儲值，不必另外換號碼。超商加值時會給一組號碼，依加值方式輸入即可。

（電話撥號，可參考本書P.39「老鳥帶路：曼谷電話怎麼撥？」專欄）

【緊急電話】R

泰國當地設置的緊急聯繫電話：

觀光警察：1155（24小時免付費電話，可使用手機、市話、公用電話直撥）。

【台灣駐外單位】

駐泰國台北經濟文化辦事處（Taipei Economic and Cultural Office in Thailand）

地址：20th Fl., Empire Tower, 195 South Sathorn Rd., Bangkok, 10120 Thailand

（辦事處所在的Empire Tower大樓，靠近空鐵BTS的Chong Nonsi站／S3。進出大樓需在一樓櫃臺提供護照影本和100Baht押金，換訪客卡。地下一樓可影印。詳細位置可參考P.118地圖四）

☎ +66 (0)2670-0200

🖥 www.taiwanembassy.org/TH

✉ tecocommu.th@gmail.com

急難救助：

專供緊急求助之用，如車禍、搶劫、有關生命安危緊急情況等，

行動電話：+66(0)81-6664006。泰國境內直撥：(081) 6664006。

護照遺失：

☎ +66(0)81-6664008。泰國境內直播：(081) 6664008

注意：

出國前最好將護照、身分證各影印一份備用，二吋照片也多帶備用。

（護照安全，可參考本書P.54「老鳥帶路：護照需要隨身帶嗎？」專欄）

【泰國國定假日】

T

12月31日、1月1日：除夕及元旦

泰曆3月15日：萬佛節

4月6日：節基王朝奠基紀念日（就是現在的曼谷王朝）

4月13～15日：宋干潑水節（泰國新年）

5月1日：勞動節

5月5日：泰皇加冕紀念日

5月第二週某一天（前一年公布）：春耕節

泰曆6月15日：佛誕節

泰曆8月15日：佛祖開示紀念日

泰曆8月16日：守夏節

8月12日：母親節（皇后生日）

10月23日：五世皇朱拉隆功大帝逝世紀念日

泰曆12月15日：水燈節（通常在11月）

12月5日：父親節（泰皇生日）

12月10日：行憲紀念日

註：泰曆比中式陰曆早兩個月。例如：泰曆3月15日的萬佛節，也就是中國元宵節同一天。

【泰國中文報紙】

在泰國當地旅遊時，閱讀當地發行的中文報紙，可以及時瞭解當地時事。

泰國較為流通的中文報紙為《世界日報》和《星暹日報》。

《世界日報》屬於台灣聯合報體系的海外報紙，也有網站可以閱讀，
www.udnbkk.com/。

附錄 1

曼谷旅遊資訊

香料傳奇泰菜 廚藝全民普及

　　泰國吸引人之處，除了熱情的泰國男孩，最令人難忘的應該就是泰國美食了。

　　泰國料理的豐富和精彩，在於透過複雜的各式辛香料巧妙搭配，讓一道道的料理展現非常明顯的特色。而讓我更讚嘆的是，泰國人對烹調的廚藝，幾乎是到了全民普及的程度，不論你是在什麼價位的餐廳用餐，或是穿著短褲脫鞋、坐在路邊攤隨意品嚐，都有基本的水準。講得更傳神一點，要在泰國吃到難以下嚥的食物，還真不是容易的事。

　　泰國料理中，以酸辣蝦湯、泰式炒河粉，打拋豬肉、涼拌海鮮、涼拌青木瓜絲、綠咖哩等，最常見也最具代表性。這些料理在泰式餐廳一定都可以找得到，當然路邊小吃攤一樣也有。

潮州菜西洋菜 遍嚐國際美食

　　剛到泰國的朋友會很驚奇，怎麼泰國路邊攤或餐廳，也常見到豬腳飯、牛雜湯等很中華料裡的食物，沒錯，這是在泰國已經生根的潮州人帶入泰國的飲食習慣，現在已經完全融入泰國一般人的飲食中。甚至在Silom路上、男同志知名夜店D.J. Station巷口的米粉湯攤子上，你可以看到配料還有豬肚、豬心、粉腸等食物。對台灣人來說，這些東西吃起來有說不出的親切感。

　　如果你還想品嚐實惠的中華料理和海鮮，到中國城的耀華力路（Yaowarat Rd.）的南星餐廳，很適合4位以上的人點合菜品嚐泰國中華料理。

　　泰國近百年的歷史，和西方的交流很頻繁，讓泰國飲食文化中也帶有西方色彩。亞洲國家中，泰國是少見平民飲食使用叉子、盤子很普及的國家。而在非常國際化的曼谷，要品嚐西式料理的機會很多。不論是義大利菜或美式食物，都可以在重要街道找得到，特別是觀光客聚集的Khao San Rd.、Silom Rd.或是觀光旅館，道地的西式餐廳不少。

路邊攤藏美味 巷弄隨意即食

　　你絕對不能錯過泰國的路邊攤！

　　一來價格平實，再來可以吃得輕鬆自在。米粉湯是其中的經典。泰式米粉湯的湯頭是其美味的關鍵，費工熬煮讓這湯頭有奇妙的吸引力。

　　泰國人口味重，餐桌上的調味料種類非常多，從醬油、魚露、砂糖、紅辣椒水、黃辣椒水、綠辣椒水到生辣椒，琳瑯滿目。路邊小吃攤甚至還會有很多無限供應的配料，包括：九層塔、酸菜、高麗菜、菜豆、豆芽、苦瓜……，種類之多，讓人瞠目結舌！當你在品嚐重鹹、重辣、偏酸的料理時，搭配鮮爽生菜，有調和味蕾的效果。從味覺上來說，這是非常符合美味原則的吃法。

　　在曼谷小吃攤，經常看得到烤魚，這也是泰國人熱愛的料理。處理好的整條魚，簡單抹上鹽巴來烤。每次經過小吃攤，會在當地人用餐桌上看見這道烤魚。

外帶小吃繁多 炸物烤肉煎餅

　　除了坐下來吃的路邊攤，還有一大類是帶著走的路邊攤小吃、小

點心，也是種類繁多，每每難以抗拒。

泰國人愛吃烤肉、烤丸子和炸物，喜愛的程度和台灣人吃鹽酥雞不相上下！從烤雞腿、烤豬肉、烤魚丸、烤雞肉丸、烤小香腸，到炸熱狗、炸雞腿、炸雞翅，甚至炸香蕉、炸蟲子都有。烤好或炸好的食物，淋上又甜又辣的醬汁，是常見吃法，不嗜辣的人，可以請老闆少放一點醬，免得在路邊吃得哇哇叫。而通常烤物也會附上一小團糯米和一些高麗菜，既能填飽肚子，伴生菜吃也很爽口。

印度煎餅和可麗餅應該算是外來食物，但也已經融入泰國，成為普及的小吃。泰國人做的印度煎餅，完全符合泰國人偏好的重甜口味；薄餅放上熟透的切塊香蕉，包起來雙面煎好切開，再淋上又香又甜的煉乳。嘗上一口，你會立刻大聲讚嘆，不過對於斤斤計較卡路里的人來說，這個食物大概會帶給你一點罪惡感！

奶茶椰水鮮果 醇香消暑降火

像泰國這樣只有夏天的國度，除非是陰天或雨天，只要戶外待一小時，人都快融化或快要中暑，冰涼飲料最能讓你重獲生機。

泰式冰奶茶是泰國飲料中最有特色的代表，烘焙過的碎茶沖泡，

加煉乳、鮮奶和大量冰塊，香醇風味非常過癮。要列出叫愛泰人士魂牽夢縈的美味，泰式奶茶絕對可以上榜。

　　屬於熱帶的泰國，水果種類很多。路邊隨處可見推著小車的現切水果，價格實惠，20泰銖就吃得到一包甜美多汁的水果，哈密瓜、芒果、木瓜、鳳梨、西瓜、芭樂或剝好的柚子都有。

　　泰國盛產的一種小橘子，常用來現榨果汁，路邊攤也常見這種賣橘子汁的小攤。這種現榨裝在小瓶裡的橘子汁，風味和台灣冬日常見的柳丁汁或是濃縮還原的進口柳橙汁完全不同，香甜不過酸，常讓我忍不住來一瓶消暑解渴。

　　說到降火，還有什麼比冰涼的椰子水更有效？！街頭賣的椰子水有兩種，一種是很大顆、帶綠皮，另一種是剝掉厚厚外皮、近圓形的烤椰子。後者甜度更高、風味更香，是作者每到泰國絕不會錯過的飲料。不論是哪一種，老闆都會用刀背撬開椰殼，讓顧客輕鬆用吸管飲用。若是在餐廳點整顆椰子，還會附上湯匙，讓你喝完椰子水，打開來挖裡頭軟滑清甜的椰肉食用。

附錄3：男同志泰國行必買好物

Thai Must Buy
For Gay

1.Durex性愛用品

到曼谷除了眉目傳情，免不了要和看對眼的泰國男孩在床上大戰幾回合，宣揚國威。保險套和水性潤滑液，不僅可以保護自己，也能增進情趣。知名保險套品牌Durex在泰國設有工廠，因此曼谷滿街林立的Watsons、Boots等藥粧店，可以看到各式最新商品，送禮自用或者收藏都很適合。

泰國賣的保險套尺碼齊全，和泰國男孩常見「大鵰」有關！從49mm到56mm，不論「工具」大小，都可以找到最貼身、舒適的尺寸。對於絕大多數只賣單一尺寸52mm保險套的台灣，泰國是添購大尺寸保險套的好地方。

2.夾腳拖

曼谷天氣炎熱，夾腳拖成為最方便的穿著。我曾經在曼谷買過正牌運動品牌的夾腳拖，雖然鞋底有襯泡棉，但卻相當脆弱，不小心就斷了，幸虧旁邊沒有帥哥，不然就糗大了。倒是最傳統的單色夾腳拖，便宜耐操，也有多種顏色可以選擇，在恰都恰週末市集（Chatuchak，註1）裡有專賣拖鞋的攤位，或是暹邏廣場（Siam Square，註2），都可以輕鬆找到。

3.印花t-shirt與背心

MBK商場（註3）或Patpong夜市上，也常可以看到泰國人將幽默的短句或者圖案印在簡單的t-shirt背心上，如「How can I miss you if you don't leave me？！」（你要是不先離開，我怎麼開始想你）或者在衣服正面寫著「I'm virgin！」（我是處女）卻在背面寫著「This is a very old t-shirt」（這是件很舊的t-shirt）。水門市場（Platinum Fashion Mall，註4）和恰都恰週末市集都可以找到便宜又有創意的好看t-shirt。

此外，在Silom夜間的路邊攤或是Patpong觀光夜市（註5），也可看到許多剪裁低胸的性感背心，一方面符合了該地區許多go-go boy的門面需要，另一面，對自己身材有自信的觀光客，也可以試試看是否能在夜店吸引更多泰男的目光。

4.牛仔褲

牛仔褲可以粗獷也可以正式的風格，也深受泰國人喜愛。世界知名的品牌如Levi's，在各大百貨均可找到，且定價較台灣便宜約一成。在恰都恰市集則可以看到大量本地或者仿冒的牛仔褲，其特色是強調刷白的處理，並多半以合身的靴型款為主，適合預算有限的朋友。

5.All Star帆布鞋

帆布鞋搭配工作短褲，是型男們在夏天最In的穿著。All Star（即

Converse的子牌)帆布鞋在泰國生產,因此價格也相對低廉。在各大百貨公司、體育用品店或是MBK商場(註5),都可以看到各種最新式樣的帆布鞋,不管是素色的基本款,或者是鮮豔的特別紀念款,選擇很多,價格也都比台灣低廉。

6.Adidas過季款

喜愛運動的型男們對於Adidas不會陌生。Adidas的運動衣著設計兼具美感和實用,特別獲得運動健兒們的垂青,不過,居高不下的定價,也往往讓大家躊躇不前。Adidas的當季商品在曼谷的售價與台灣不相上下,因此不建議購買。不過在Silom的體育用品店裡,常可以遇到過季的Adidas商品以五折左右的優惠價格求售,不管是Adidas Original或者其他系列服飾的型男們,可以常到這些店逛逛,碰碰自己的運氣。 ⋯

7.泰式奶茶茶葉

泰式奶茶是最能代表泰國風情的飲料,在酷熱的夏天裡,來上一杯帶著特殊茶香與奶香的冰涼泰式奶茶,令人通體舒暢。但回到台灣,不免會懷念起泰國美食的種種深情記憶,這時後,如果可以在家裡自備泰式奶茶茶葉,加上煉乳、鮮乳,就能自行調配,很能撫慰思鄉之情。

泰式奶茶的茶葉最推薦的是手牌和山羊牌。手牌還有分茶袋和散裝兩種,在大型商場的超市可以買得到。山羊牌則僅有散裝,Silom路轉入Sala Daeng巷口的雜貨店可以買得到。如果你想要更簡便的話,泰國的超市最近也買得到一款Nestea的三合一泰式奶茶粉,沖泡時更簡單,當然,風味是有差別的。

8.氣泡式維他命錠

這種放在水裡會快速發泡溶解成金黃色果汁的維他命錠，含鈣質、維他命D、C與B等基本營養素。我推薦的CDR品牌為德國Bayer（拜耳）公司的產品，雖然為印尼製造，但在泰國購買遠比台灣便宜許多。在旅行中，每天一顆，簡簡單單地讓你在夜夜笙歌狂歡之餘，還可以保持好氣色，避免感冒唷！

9.皮製飾品

泰國受到美國文化的影響至深，其中龐克搖滾又華麗又陽剛的風格，最受泰國男人青睞。年輕的泰國男人多半蓄長髮、刺青並配戴具有龐克風味的金屬或皮件，如腕圈或項鍊等等許多別緻的皮件手飾，在恰都恰市集及各夜市和路邊攤，都可以看到。

10.漁夫褲

漁夫褲的設計簡單，花色有簡單的也有素色的，套進褲管，束緊腰帶就穿著完畢。棉麻材質的通風特性，特別適合炎熱的天氣，配上白背心和夾腳拖，不僅是去游泳時最方便的穿著，就算走在台北街頭也能散發有清涼的南洋風味。

恰都恰週末市集 Chatuchak

僅週六、週日營業的平價市集，販賣的東西應有盡有；佔地遼闊，約有七個足球場大，逛的時候很容易迷失在浩瀚的眾多攤位中，最好稍微熟記入口時的路標。攤位都是鐵皮搭建的，大多數沒有冷氣，非常炎熱，應注意補充水分、避開最炎熱的中午12:00～14:00時段，以免中暑。

搭乘BTS空鐵至Mo Chit站（N8），1號出口出來就是；或搭乘MRT地鐵至Chatuchak Park站，1號出口出來就是。（見P.182地圖八）

註2 暹邏廣場 Siam Square

位於BTS空鐵轉車的Siam站南側、高級購物商場Siam Paragon對面的一大片，通稱為暹邏廣場。這裡也是電影《愛在暹邏》兩位男主角相遇的地方。這一區塊內各種時尚商店林立，從中高價位品牌到平價創意服飾都有。
（註2～註4介紹的三個商場位置請見P.158地圖六）

註3 MBK商場

曼谷的購物商場都以「大」著稱，市中心最具代表性的就是MBK商場。逛不完的攤位，販賣的東西從三C產品、服飾、鞋子、包包、日用品到金飾、速食包羅萬象，甚至美容美髮、指甲彩繪也找得到。

MBK南側連接五星級飯店Pathumwan Princess Hotel，這家飯店的露天泳池區是曼谷當地貴婦級gay愛去曬烤的熱點，MBK北側靠近捷運連結道則是Tokyu百貨公司（也在MBK同一棟內）。

6樓北側，則有小吃街品嚐各式平價美味；曼谷商場裡的小吃街，通常要先購買兌換券（或是儲值卡），以券（或卡）進行消費，未用完可於當日退費。

搭乘BTS空鐵至National Stadium站（W1），從4號出口，有通道在空中連接MBK商場，交通便利。如果從Siam一帶逛過來，也可以從暹邏廣場西南側上2樓走空橋，直接進入MBK商場2樓。

註4 水門市場 Platinum Fashion Mall

大型成衣商場,整棟建築都以成衣為主,t-Shirt為最大宗。男生的服飾以四樓最集中。營業時間中午至晚上6:00或7:00。

搭乘BTS空鐵至Chit Lom（E1），9號出口出來後,沿著捷運線往回走約20公尺至路口（對面就是四面佛）,右轉Rachadamri Rd.,直行約600公尺（沿途會經過Big C）,過橋後至Petchburi Rd.左轉就可以看到水門市場。

註5 Patpong觀光夜市

就在最大的同志區Silom Rd.和Surawong Rd.中間,在Silom Rd. Soi 4的下一條。攤位林立,是仿冒品集中處。觀光客愛殺價,攤商第一次開的價錢通常也都是提高的,也就是說,這裡是你發揮殺價天分的地方。貨比三家總是對的。

這個夜市國際知名度最高,各國來的觀光客都有,附近的計程車常故意喊價不跳表。只要稍微遠離Patpong再攔車,一定可以搭到跳表的計程車,可別當冤大頭！（見P.20地圖一或P.94地圖二）

附錄4：釣人專用
泰語會話教室

一般問候 Greetings

你好。
Hello.
สวัสดีครับ
Sa-wa-dee-krab

你好嗎？
How are you?
เป็นอย่างไรบ้างครับ
pen-yang-rai-bang-krab

你叫什麼名字？
What is your name?
ชื่ออะไรครับ
cheu-a-rai-krab

你做什麼工作？
What do you do?
ทำงานอะไรครับ
thaam-ngaan-a-rai-krab

你幾歲？
How old are you?
อายุเท่าไหร่ครับ
aa-yu-thao-rai-krab

你是哪兒來的？
Where are you from?
มาจากที่ไหนครับ
maa-jak-thii-nai-krab

我來自台灣。

I come from Taiwan.

ผมมาจากไต้หวันครับ

phom-maa-jak-taiwan-krab

我來泰國觀光

I come to Thailand for the holiday.

ผมมาเที่ยวเมืองไทยครับ

phom-maa-thiao-meung-thai-krab

我來泰國出差。

I come to Thailand for the business.

ผมมาดูงานที่เมืองไทยครับ

phom-maa-duu-ngaan-thii-meung-thai-krab

我住在泰國。

I live in Thailand.

ผมอยู่ที่เมืองไทยครับ

phuu-yuu-thii-meung-thai-krab

我住在 _____飯店。

I stay in ___ Hotel.

ผมพักที่โรงแรม _____

phom-pak-thii-rong-raem-_____

我一個人來的

I come here alone.

ผมมาคนเดียวครับ

phom-maa-khon-diao-krab

我跟朋友來。
I come here with friends.
ผมมากับเพื่อนครับ
phom-maa-kab-pheuan-krab

你單身嗎？
Are you single?
คุณยังโสดอยู่หรือเปล่าครับ
khun-yang-sod-yuu-reu-plao-krab

你有bf嗎？
Do you have boyfriend?
มีแฟนหรือยังครับ
mii-faen-reu-yang-krab

方便給我你的電話號碼嗎？
May I have your telephone number?
ขอเบอร์หน่อยได้ไหมครับ
kho-ber-noi-dai-mai-krab

接下來打算去哪裡？
Where do you plan to go next?
แล้วจะไปไหนต่อครับ
leao-ja-pai-nai-to-krab

我可以跟你回家嗎？
May I go home with you?
ผมไปห้องคุณได้ไหมครับ
phom-pai-hong-khun-dai-mai-krab

在按摩店 In Massage

你好。我想要泰式按摩。
Hi. I would like to have the Thai massage.

สวัสดีครับ ผมต้องการนวดไทยครับ
sa-wa-dii-krab phom-tong-kan-nwad-thai-krab

我想要精油按摩。
I would like to have the oil massage.

ผมต้องการนวดน้ำมันครับ
phom-tong-kan-nwad-naam-man-krab

我想要乳霜按摩。
I would like to have the cream massage.

ผมต้องการนวดครีมครับ
phom-tong-kan-nwad-kriim-krab

我想要四手按摩。
I would like to have the 4-hand massage.

ผมต้องการนวดโฟร์แฮนด์ครับ
phom-tong-kan-nwad-foo-haen-krab

我想要腳部按摩。
I would like to have the foot massage.

ผมต้องการนวดเท้าครับ
phom-tong-kan-nwad-thao-krab

半小時／一小時／一小時半／兩小時
30 min/ 1 hour/ 1 and half hour/ 2 hours

30 นาที (ครึ่งชั่วโมง) ／ 1ชั่วโมง ／ 1ชั่วโมงครึ่ง ／ 2ชั่วโมง
30 naa-thii (kreung-cheuo-mong)/ 1 cheuomong /1 cheuomong-kreung/ 2 cheuo-mong

我覺得冷。可以把冷氣關小一點嗎？
I feel cold. Would you please turn the air condition lighter?
ผมรู้สึกหนาวครับ ช่วยเบาแอร์หน่อยครับ
phom-ruu-seuk-nao-krab cheuy-bao-air-noi-krab

我覺得熱。可以把冷氣開大一點嗎？
I feel hot. Would your please turn the air condition stronger?
ผมรู้สึกร้อนจัง ช่วยเร่งแอร์หน่อยครับ
phom-ruu-seuk-ron-jang cheuy-rang-air-noi-krab

請大力一點。
Stonger, please!(Massage)
ช่วยนวดหนักขึ้นอีกครับ
cheuy-nwad-nak-keun-iik-krab

請小力一點。
Softer, please! (Massage)
ช่วยนวดเบาหน่อยครับ
cheuy-nwad-bao-noi-krab

很舒服。
I feel very good.
ผมรู้สึกดีจัง
phom-ruu-seuk-dii-jang

你要多少小費？
How much do you charge for tip?
ทิปเท่าไหร่ครับ
tip-thao-rai-krab

附錄 4 泰語會話教室

不用了。我只想要按摩。
Thank you, no. I want pure massage.

ขอโทษครับ ขอนวดอย่างเดียวครับ
koo-thoo-krab koo-nwad-yang-diao-krab

請問按摩師_____現在在上班嗎？
Is Masseur Mr. ___ working today?

ขอโทษนะครับ คุณ_____มาทำงานหรือเปล่าครับ
koo-thoo-na-krab khun-___-maa-thaamngaan-reu-plao-krab

在三溫暖 In Sauna

請問入場費多少錢？
How much is the entrance fee?

ค่าเข้าเท่าไหร่ครับ
kha-khao-thao-rai-krab

請問更衣室／淋浴間／暗房在哪裡？
Where is the locker/ shower/ dark rooms?

ห้องล็อคเกอร์ / ห้องอาบน้ำ / ห้องมืด / อยู่ที่ไหนครับ
hong-locker/hong-aab-naam/hongmeud......yuu-thii-nai-krab

請問你是1號／0號／Both？
Are you top / btm / vers?

คุณเป็น รุก / รับ / แบบไหนก็ได้ （โบ๊ท）
khun-pen-ruk/rab/baeb-nai-ko-dai (bos)

你接吻嗎？
Do you kiss?

จูบได้ ไหมครับ
juub-dai-mai-krab

你口交嗎？
Do you suck (oral)?

ดูดได้ ไหมครับ
duud-dai-mai-krab

你 1/0 嗎？
Do you fuck?

เอาได้ ไหมครับ
aao-dai-mai-krab

你有保險套／潤滑液嗎？
Do you have condoms / lubes?

มี ถุงยางไหมครับ ／ มีเจลไหมครับ
mii-thung-yang-mai-krab/mii-gel-mai-krab

我只作安全性行為。
I practice only safe sex.

ผมขอเซฟเซ็กซเท่านั้นครับ
phom-kho-safe-sex-thao-nan-krab

痛！
It hurts!

เจ็บครับ
jeb-krab

要出來了！
I'm coming.

จะเสร็จแล้ว
ja-set-leao

爽！
a sharp or thrilling feeling

เสียว
siao

一月
January

มกราคม
ma-ka-raa-khom

二月
February

กุมภาพันธ์
kum-pha-phan

三月
March

มีนาคม
mii-naa-khom

四月
April

เมษายน
me-saa-yon

五月
May

พฤษภาคม
phreu-sa-phaa-khom

六月
June

มิถุนายน
mi-thu-naa-yon

七月
July

กรกฎาคม
ka-ra-ka-daa-khom

八月
August

สิงหาคม
sing-haa-khom

九月
September

กันยายน
kan-yaa-yon

十月
October

ตุลาคม
tu-laa-khom

十一月
November

พฤศจิกายน
phreu-sa-ji-kaa-yon

十二月
December

ธันวาคม
than-waa-khom

其他 Others

星期日
Sunday

วันอาทิตย์
wan-a-thii

星期一
Monday

วันจันทร์
wan-jan

星期二
Tuesday

วันอังคาร
wan-ang-khan

星期三
Wednesday

วันพุธ
wan-phut

星期四
Thursday

วันพฤหัสบดี
（วันพฤหัส）
wan-phreu-ha-sa-ba-dii

星期五
Friday

วันศุกร์
wan-suk

星期六
Saturday

วันเสาร์
wan-sao

今人
today

วันนี้
wan-nii

昨天
yesterday

เมื่อวานนี้
meua-wan-nii

明天
tomorrow

วันพรุ่งนี้
phrung-nii

上星期
last week

อาทิตย์ที่แล้ว
a-thit-thii-leao

下星期
next week

อาทิตย์หน้า
a-thit-naa

附錄
4

泰語會話教室

271

國家圖書館出版品預行編目資料

男 x 男自由行：曼谷 ／ HUGO 等著.
－ 新版 . 一臺北市：
基本書坊 , 2014.4
272 面 ;14.5*20 公分 . -- （指男針系列 ; A021）

1. 旅遊 2. 商店 3. 泰國曼谷

ISBN 978-986-6474-53-8（平裝）

738.2719   103004143

指男針系列　編號A021

男x男自由行：曼谷+芭達雅小旅行 激辛增修版

HUGO、八卦貓、ยัง、陳仲耘 著

特約主編　　喀飛
視覺構成　　孿生蜻蜓

企劃・製作 基本書坊

社　　長　　邵祺邁
編輯顧問　　喀　飛
副總編輯　　郭正偉
行銷副理　　李伊萊
業務助理　　郭小霍
首席智庫　　游格雷

社址　　　　100台北市中正區南昌路二段112號6樓
電話　　　　02-23684670
傳真　　　　02-23684654
官網　　　　gbookstaiwan.blogspot.com
E-mail　　　PR@gbookstw.com
劃撥帳號：50142942　戶名：基本書坊

總經銷　　　紅螞蟻圖書有限公司
地址　　　　114台北市內湖區舊宗路二段121巷19號
電話　　　　02-27953656
傳真　　　　02-27954100

2014年4月1日　初版一刷
定價　新台幣360元